No compasso de [...] que Douglas Bond consegue juntar todos os misteriosos paradoxos da vida de John Knox: púlpito trovejante e intercessões íntimas, elevado intelecto e humilde vida no lar. Ousadia e brandura, força e fraqueza. Noutras palavras, Bond apreendeu a própria essência desse surpreendente modelo para um ministério reformador.

Dr. George Grant
Pastor, Igreja Presbiteriana de East Parish
Franklin, Tennessee

Tenho imenso prazer em recomendar o mais recente livro de Douglas Bond, *A Poderosa Fraqueza de John Knox*. Bond é autor de muitos livros, principalmente para crianças, sobre a história da igreja cristã escocesa nos séculos XVI e XVII. Escreve com a paixão de alguém que acredita que a igreja de hoje precisa, para seu benefício espiritual e saúde, aprender as lições do passado. Ao escolher escrever sobre John Knox, Bond prestou grande serviço à igreja contemporânea. Knox foi a figura mais elevada da Reforma Escocesa. De muitas maneiras, era um herói relutante, consciente de suas próprias fraquezas. Contudo, como o título desse livro deixa claro, o senso de fraqueza de Knox era sobrepujado pelo senso da grandeza de Deus. Na verdade, como demonstra Bond através desse livro, foi o constante sentimento de sua fraqueza que fez que o Senhor usasse a Knox de modo tão poderoso em seu serviço. Quando perguntaram a Knox a razão do tremendo sucesso da Reforma na Escócia, ele respondeu:

"Deus deu abundantemente seu Espírito Santo a homens simples". Leia este livro. Aprenda dele. Agradeça a Deus por homens como John Knox. Acima de tudo, ore para que o Senhor levante homens de mente e coração semelhantes em nossa época, mais uma vez dando seu Espírito Santo em abundância a homens profundamente conscientes de suas fraquezas.

Reverendo Ian Hamilton
Pastor, Igreja Presbiteriana de Cambridge
Cambridge, Inglaterra

Embora eu ame John Knox, raramente gosto de ler a seu respeito. A maioria de seus biógrafos me deixam sentindo-me como um verme diante desse poderoso leão da Escócia. Mas para minha surpresa, este livro levantou meu ânimo e ainda me inspira. Por que? Porque Douglas Bond cativou e comunicou o segredo do poder de John Knox – uma fraqueza autenticamente sentida e abertamente confessada que dependia diária e totalmente da graça e misericórdia de Jesus Cristo. Poderosa fraqueza – que grande encorajamento para todos os vermes que desejem ser leões.

Dr. David P. Murray
Professor de Antigo Testamento e Teologia Prática
Seminário Teológico Puritano Reformado de Grand
Rapids, Michigan

Surge mais um volume na longa linha da série de Perfis de Homens Piedosos, desta vez, perfil de John Knox escrito por Douglas Bond. Bond traz seu forte estilo de narrativa, aprimorado nos seus romances escritos anteriormente, a este livro muito interessante sobre um homem fascinante. O prefácio ("John Knox: Homem fraco feito forte") marca o tom do volume, quando Bond demonstra de diversas maneiras como Deus tomou as fraquezas de Knox e o transformou em uma das figuras mais fortes da Reforma. Ao citar a maior força de Knox como sendo sua submissão a Cristo, Bond passa a traçar o "poder" na vida de Knox, quer poder da oração, da pena, quer da predestinação ou poder da pregação de Knox. Para quem indaga se o mistério paulino da força se aperfeiçoando na fraqueza possa ser realidade pessoal, o quadro que Bond pinta de Knox provará ser tanto edificante como instrutivo.

Dr. T. David Gordon
Professor de Religião e de Grego
Faculdade de Grove City, Grove City, Pennsylvania

DOUGLAS BOND

A Poderosa Fraqueza de

John Knox

UM PERFIL DE HOMENS PIEDOSOS

FIEL
Editora

B711p   Bond, Douglas, 1958-
        A poderosa fraqueza de John Knox : um perfil de homens piedosos / Douglas Bond ; [tradução: Elizabeth Gomes]. – 2. reimpr. – São José dos Campos, SP: Fiel, 2020.

        156 p.
        Tradução de: The mighty weakness of John Knox.
        ISBN 9788581320038 (brochura)

        1. Knox, John, ca. 1514-1572. 2. Reformadores – Biografia – Escócia. 3. Biografia cristã – Escócia. I. Título.

        CDD: 92

Catalogação na publicação: Mariana C. de Melo Pedrosa – CRB07/6477

A Poderosa Fraqueza de John Knox –
Um perfil de Homens Piedosos

Traduzido do original em inglês
"The Mighty Weakness of John Knox"
por Douglas Bond
Copyright © 2011 por Douglas Bond

∎

Publicado por Reformation Trust,
Uma divisão de Ligonier Ministries,
400 Technology Park, Lake Mary, FL 32746

∎

Copyright © 2011 Editora Fiel
1ª Edição em Português: 2011

Todos os direitos em língua portuguesa reservados por Editora Fiel da Missão Evangélica Literária

PROIBIDA A REPRODUÇÃO DESTE LIVRO PO QUAISQUER MEIOS, SEM A PERMISSÃO ESCR DOS EDITORES, SALVO EM BREVES CITAÇÕE COM INDICAÇÃO DA FONTE.

∎

Diretor: Tiago J. Santos Filho
Editor: Tiago J. Santos Filho
Tradução: Elizabeth Gomes
Revisão: Tiago J. Santos Filho
Capa: Chris Larson (ilustração: Kent Barto
Diagramação e Adaptação Capa: Edvânio S

ISBN: 978-85-8132-003-8

FIEL Editora

Caixa Postal 1601
CEP: 12230-971
São José dos Campos, SP
PABX: (12) 3919-9999
www.editorafiel.com.br

Para minha esposa

ÍNDICE

Apresentação: Seguidores Dignos de Serem Seguidos 11

Prefácio: John Knox: Homem Fraco Tornado Forte 15
    Hostilidade e Negligência 16
    Por Que John Knox? 17
    Contentamento na Fraqueza 18

Capítulo 1: A Vida e o Legado de Knox 21
    Começa a Perseguição 23
    O Chamado de Knox para Pregar 25
    Derrota e Escravidão 27
    Ministério na Inglaterra 29
    Exílio em Genebra 32
    Volta à Escócia 35
    Perante a Rainha 38
    Morrendo no Senhor 39

Capítulo 2: O Poder de uma Vida Submissa a Cristo 41
    A Vida como uma Batalha 43
    A Última Batalha 45

Capítulo 3: Poder de Oração 49
    O Fundamento da Oração de Knox 51
    A Melhor Escola de Oração 52
    Cercados por Amigos que Oravam 53
    Um Dom para os Santos Modestos 55
    Problemas como Estímulos à Oração 56
    Fazendo Orações Imprecatórias: 58
    Um Legado de Oração: 60
    Um Homem com Deus: 61

Capítulo 4: Poder no Púlpito 63
   O Ministério da Pregação de Knox 65
   Cristo no Centro da Pregação 67
   Clareza quanto à Lei no Evangelho 70
   Pregação contra a Idolatria 73
   O Poder da Pregação 76

Capítulo 5: O Poder da Pena 79
   Paixão: Primeiro Clarim e Fiel Admoestação 81
   Ternura: Epístolas de Consolação 85
   Clareza Teológica: A Confissão Escocesa 86
   Rude Eloquência 88

Capítulo 6: O Poder da Predestinação 91
   A Predestinação na Confissão Escocesa 93
   Uma Doutrina Necessária 95
   Predestinação que Funciona 97

Capítulo 7: Fortalecendo os Fracos 99
   O Vaso mais Fraco 100
   Equipando os Pastores 103
   Equipando os Leigos 104
   Uma Super Maioria Impossível de Parar 107

Capítulo 8: Um Legado de Força 109
   Chegou a Hora 110
   Honra a Ele 112

Apêndice A: Linha de Tempo de John Knox e da Reforma .. 115

Apêndice B: Confissão de Fé Escocesa 119

Bibliografia: Sobre o Autor 147

Notas 149

APRESENTAÇÃO

Seguidores Dignos de Serem Seguidos

Através dos séculos, Deus levantou uma longa fileira de homens piedosos a quem usou de forma poderosa em momentos críticos da história da igreja. Essas pessoas valorosas provêm de todas as origens de vida – desde as mansões cobertas de hera das faculdades elitizadas até as salas empoeiradas de artesãos e simples comerciantes. Surgiram de todos os pontos do mundo – desde locais de alta visibilidade em cidades densamente populosas até vilarejos obscuros nos lugares mais remotos. Contudo, apesar dessas diferenças, essas figuras fundamentais, troféus da graça de Deus, tiveram muita coisa em comum.

Com certeza, cada um demonstrou fé inabalável em Deus e no Senhor Jesus Cristo, contudo, havia mais. Cada um tinha forte convicção quanto às verdades que exaltam a Deus e são conhecidas como doutrinas da graça. Ainda que tivessem diferenças em questões secundárias de teologia, andavam ombro a ombro na defesa de doutrinas que exaltam a graça soberana de Deus em seus propósitos de salvação no mundo. Eles exaltavam a verdade essencial de que, quanto ao homem, "ao SENHOR pertence a salvação" (Sl 3.8; Jn 2.9).

Como tais verdades afetaram suas vidas? Ao invés de deixá-los paralisados, as doutrinas da graça inflamaram os corações com temor e reverência, humilhando suas almas diante do trono de Deus. As doutrinas da graça soberana encorajaram tais homens a promover na terra a causa de Cristo. Este fato não deverá nos surpreender, pois a história nos revela que àqueles que assumiram essas verdades foi concedido notável confiança no seu Deus. Tendo visão de Deus mais abrangente, eles deram passos e realizaram a obra de muitos homens, deixando uma influência piedosa sobre muitas gerações que advieram. Subiram com asas como de águias, sobrevoando seu tempo na história. A experiência das doutrinas da graça renovou seus espíritos, dando-lhes o poder de servir a Deus conforme seu tempo divinamente designado.

Os *Perfis de Homens Piedosos* procuram destacar figuras-chave dessa procissão de homens da graça soberana. O propósito desta série é examinar como tais figuras utilizaram seus dons e suas habilidades, dadas por Deus, para promover o Reino dos céus. Por serem firmes seguidores de Cristo, seus exemplos são dignos de serem imitados hoje.

Neste volume, Douglas Bond nos apresenta o reformador escocês John Knox, cuja voz trovejava pela Escócia numa época que a igreja carecia grandemente de reavivamento. A despeito de sua fraqueza pessoal e timidez, Knox era marcado por uma fé vigorosa em Cristo. À medida que o Senhor fortalecia a liderança de Knox, a igreja escocesa tornou-se uma das mais fortes expressões do Reino de Deus já vistas pelo mundo. Até hoje, John Knox permanece como o maior dos escoceses, eminentemente digno de ser modelo nesta série.

Que a leitura deste livro seja usada pelo Senhor para formar-nos, como Knox, a fim de que deixemos influência indelével sobre o mundo. Que sejamos fortalecidos para andar de modo digno de nosso chamado.

Soli deo gloria!

– *Steven J. Lawson*
Editor da Série

PREFÁCIO

John Knox: Homem Fraco Tornado Forte

"John Knox sentia para com os idólatras (da Escócia) como Elias para com os sacerdotes de Baal", escreveu o historiador Roland Bainton.[1] É bem apropriada a comparação de Bainton entre Knox e Elias. Elias foi chamado, com ordem expressa de Deus, a lançar mão da espada e abater os 450 enganosos profetas de Baal (1Rs 18.20-40). Geralmente, os homens chamados para ser profetas – realizando façanhas como a que Elias foi chamado a fazer – não são sentimentais, carinhosos, gentis e sensíveis metro-sexuais. Na história da redenção, os Elias têm sido vozes torturadas clamando no deserto, figuras solitárias, chamadas a enfrentar críticos que rangem os dentes, homens aos quais foi dada a tarefa nada popular de declarar a Palavra de Deus a pessoas que se posicionaram com os inimigos dessa Palavra. Embora não fosse um profeta bíblico, Knox foi forjado segundo esse molde.

Seria mera hipérbole dizer que "Knox foi um Jeremias hebreu lançado sob o solo escocês"?[2] Com o zelo de Jeremias, Knox vociferava contra "variegada multidão de superstições" que infestavam a vida religiosa da Escócia do século XVI, pois considerava a devoção de seu país a tais erros muito pior que "os ídolos de futilidade com os quais os profetas hebreus zombavam de Deus".[3]

Quando os mensageiros de Deus sobem os telhados para denunciar as transgressões do povo contra Jeová – quer hebreus quer escocesas – não é de surpreender que as multidões respondam com rancor e violência. Elias, por exemplo, provocou a ira da rainha Jezabel. Por seu zelo, semelhante ao de Elias, Knox é – como seu mentor espiritual, teológico e pastoral, João Calvino – "tão fácil de difamar quanto difícil imitar".[4] Como é o caso de qualquer homem assediado por controvérsia em tempos tumultuosos, chamados a realizar coisas significativas que afetam os destinos de muitos[5], os críticos têm encontrado muito para atacar em Knox.

Hostilidade e Negligência

Durante sua vida, Knox foi denunciado por regentes, rainhas e concílios, e sua efígie foi erguida e queimada no *Mercat Cross* em Edimburgo.[6] Ridicularizado como "Knox the knave" (Knox o patife) e um "escocês renegado", foi declarado fora da lei e proibido de pregar pelo Arcebispo de St. Andrews, havendo ordem para atirar nele de imediato se ele descumprisse a ordem.

Knox não cumpriu a ordem. Anos mais tarde, um pretenso assassino atirou pela janela da casa de Knox em Edimburgo, errando por pouco. Assim mesmo, Knox continuou a pregar.[7]

O que dizer de seu legado depois de sua morte em 1572? O Parlamento britânico, cento e quarenta anos depois da morte de Knox, condenou seus livros a serem queimados publicamente. George Whitefield foi ridicularizado por "pregar doutrinas emprestadas da *kirk* (igreja em escocês) de Knox". Mais que qualquer outro, Knox foi tachado de "*enfant terrible* do calvinismo"[8], sendo caracterizado em livros e filmes, e em sua própria casa, agora um museu, como "fanático escandaloso".[9] Os modernos o descartam como misógino devido a seu tratamento intempestivo contra mulheres monarcas e por sua inabalável posição ante a charmosa Maria, Rainha da Escócia, denunciando seus pecados e chamando-a ao arrependimento.

No aniversário de quatrocentos anos de sua morte, em 1972, foi decidido que um homem como Knox não era digno de um selo postal comemorativo na Escócia. Como baque culminante, o Conselho da Cidade de Edimburgo ordenou que fosse removida a pedra que marcava seu túmulo, relegando o lugar de seu repouso terrestre à obscuridade sob uma vaga numerada de estacionamento[10]. Em minha mais recente visita a Edimburgo, o "JK" antes visível em uma pequena placa de esquina estava apagado. Da mesma forma que o Israel antigo se ressentia da profecia de Jeremias de condenação e destruição devido à sua prostituição contra o Senhor, em sua maior parte, a Escócia ressentia a vida e o ministério de Knox.

Por Que John Knox?

No entanto, o próprio Knox não se abalaria com esse desprezo e até mesmo hostilidade. Parece que essa é uma qualidade essencial de verdadeiros e grandiosos homens de Deus, que cuidam mais da glória de Jesus Cristo do que de sua própria glória, razão suficiente para que nós examinemos mais a fundo a vida de um homem da estirpe de Knox.

Além do mais, quando Knox é destituído da força que lhe foi dada por Deus e do tremendo poder de seu chamado, resta apenas um homem mortal, pequeno, "de baixa estatura e fraca constituição física"[11], que, no princípio, quando chamado a pregar recusou, e quando instado, "rompeu em copiosas lágrimas e fugiu da sala".[12] Nisto também era semelhante a Elias, que se refugiou num buraco, sentindo pena de si mesmo e implorando a Deus que o livrasse dos inimigos – mesmo *depois* de ter julgado os sacerdotes de Baal (1Rs

19.1-9). Contudo, pela graça de Deus, o único que torna forte homens fracos como Elias e Knox, estes viveram vidas caracterizadas mais por poder e influência do que por fraqueza e obscuridade.

Portanto, a vida de Knox não é apenas para quem aprecia gaitas de fole e pão escocês, *kilts* e bolinhos de aveia, nem só para presbiterianos ou pessoas cujo nome tem origem escocesa. Knox é modelo para o cristão comum, especialmente aquele que, apesar de sentir sua fraqueza, deseja servir a Cristo em um mundo conturbado. Knox é eminentemente relevante para todo crente que teve de olhar de frente a sua própria pequenez.

Quem já não se sentiu simples demais, tendo pouco para contribuir para uma causa tão grande como Cristo e sua igreja? Que jovem, mãe, esposa, avó ou solteira idosa já não torceu as mãos, temerosa e fraca ante os inimigos da igreja e de sua alma? Quem não achou que seus dons fossem demasiadamente modestos, que outros serviriam muito melhor, que era fraco e tímido demais para promover a causa do evangelho de nosso Senhor Jesus Cristo? Ou então, quem não se sentiu caluniado por grandes críticos, atacado pelos poderosos, motivo de chacotas e insultos por parte das pessoas em posição de influência? Foi assim o caso de John Knox, mas ele escreveu, descrevendo a Reforma da Escócia: "Deus outorgou em grande abundância o seu Espírito Santo a homens simples".[13] Thomas Smeaton, seu contemporâneo, disse sobre Knox após a sua morte, "Não sei se Deus já colocou um espírito maior e mais piedoso em um corpo mais frágil e pequeno que o dele".[14]

Contentamento na Fraqueza

A Poderosa Fraqueza de John Knox pretende ser uma biografia prática. No primeiro capítulo temos uma visão geral de sua vida e de seu legado, enquanto os demais capítulos investigam como ele foi transformado de fraco a forte em várias dimensões de caráter e ministério. Tais capítulos examinam Knox como homem de oração submisso a Cristo, como pregador, como escritor, como teólogo, como formulador de culto, educação e vida pública no Século XVI e em diante.

Assim sendo, puxe seu escabelo – ou sua cadeira de rodas – para aprender da poderosa fraqueza de John Knox. Animem-se todos os que já se recuaram diante dos inimigos de Cristo e de seu evangelho. Leia a vida e resolução de Knox com o apóstolo Paulo: "Pelo que sinto prazer nas fraquezas, nas injúrias, nas necessidades, nas perseguições, nas angústias, por amor de Cristo. Porque, quando sou fraco, então, é que sou forte" (2Co 12.10). A fraqueza, na teologia de ministério de Paulo, é requisito essencial para ser usado por Cristo. Deus poderoso está levantando pessoas simples, frágeis e pequenas, fortalecendo-as pelo poder de Cristo. Ainda que poucos serão chamados para defender a causa da Reforma em um país inteiro, a vida de Knox ensina que o mais tímido santo torna-se gigante na fé quando fortalecido somente pelo poder de Deus em Cristo. Embora [Ainda que] poucos sejam chamados para defender a causa da Reforma em um país inteiro, a vida de Knox ensina que o mais tímido santo torna-se gigante poderoso quando fortalecido pelo poder de Deus em Cristo somente.

Sou grato ao Dr. R. C. Sproul dos Ministérios *Ligonier* e *Reformation Trust* por seu compromisso incessante de apresentar corretamente o evangelho, bem como seu compromisso com esta série de perfis como modo de contribuir para esse elevado alvo. Dr. Steven J. Laweson, organizador da série, promoveu um alto padrão com seus volumes sobre João Calvino e Jonathan Edwards, e seu trabalho, para mim, tem sido fonte de inspiração e encorajamento. Sou grato por sua liderança e paixão nesta série de perfis.

Sou igualmente grato pela paciência e habilidade editorial de Greg Bailey, diretor de publicações da *Reformation Trust*. Greg reflete com coerência a graça e beleza do evangelho, sem que perca nada de vista, mandando-me voltar para verificar a fonte, reformular a sentença, ou considerar cortar inteiramente a frase ou até mesmo o parágrafo. Nunca fui tão calorosamente criticado ou escrutinizado com tanto encorajamento quanto quando as correspondências eletrônicas começaram a chover vindas de Greg. Quando precisa usar o chicote editorial, Greg jamais fere, antes, deixa visível que são chibatadas de amigo que jamais se desvia do alvo de entender e apresentar corretamente o evangelho, o que, para Greg, inclui acerto em cada minúcia e partícula. A parceria com ele neste volume foi uma experiência prazerosa.

Os irmãos que compõem os *Inkblots*, nossa reunião de homens escritores, merecem minha gratidão por seus ouvidos atentos e comentários importantes, especialmente Doug McComas, fundador dos '*Blots*. Tenho uma dívida profunda com minha mãe, Mary Jane Bond, a primeira a ler quase tudo que escrevo, oferecendo valiosa revisão de provas e trazendo uma vida toda de experiência literária a suas muitas sugestões e comentários. Sou grato também à família Spear, cujo amor à Escócia fez com que lesse este livro oferecendo muitas sugestões úteis.

Igualmente, sou grato aos meus colegas do corpo docente *Covenant College*, por me encorajarem na produção deste livro, a Dick Hannula e à Mesa administrativa por tornar central a história da igreja em nosso currículo, oferecendo muitas oportunidades de viagem e pesquisa que enriqueceram meu apreço por John Knox.

Acima de todos, sou profundamente grato à minha esposa Cheryl, que me apoiou na escrita deste volume de muitas maneiras essenciais e amáveis.

CAPÍTULO 1

A Vida e o Legado de Knox

*Ó Senhor Eterno, move e governa minha língua
para que eu fale a verdade.*[1]

— John Knox

A ironia estava presente desde o começo da vida de John Knox. Dizia-se que "Não houve maior figura em toda a história da Reforma na Escócia do que Knox".[2] No entanto, ele nasceu em uma família de simples operários.

Quase nada se sabe com certeza sobre o início de sua vida – nem mesmo o dia ou ano que nasceu. Os historiadores concordam somente que foi entre 1505 e 1514 em Haddington, cerca de vinte e sete quilômetros a leste de Edimburgo, Escócia. Nos seus primeiros anos Knox nada escreveu, e a obscuridade em que foi criado era tal que ninguém se preocupou em escrever documentando a esse respeito.[3]

Historiadores tampouco concordam onde Knox foi

educado. Alguns insistem que tenha estudado sob John Major na Universidade de Glasgow, enquanto outros dizem que foi na Universidade de Saint Andrews, sendo essa a jurisdição de seu lugar de nascimento.[4] De qualquer maneira, Knox foi, provavelmente, submetido aos sofismas educativos populares em sua época, preocupados com absurdos especulativos seguindo linhas tais como: Será que todas as unhas do pé de um homem, cortadas em toda sua vida, serão unidas a seu corpo quando acontecer a ressurreição?[5]

É provável que Knox não tenha colado grau, quem sabe em razão dessa tolice pedagógica; no entanto, documentos históricos constatam que ele foi ordenado sacerdote aos vinte e cinco anos. Os próximos anos foram silenciosos; depois desses, ele surge portando uma espada de folha larga, de dois gumes, como guarda-costas do intrépido pregador George Wishart.[6]

Quanto à sua conversão, só podemos especular. Alguns defendem que ele se converteu pela pregação do frade Thomas Guilliame em 1543. Knox pouco escreveu sobre isso, embora palavras murmuradas em seu leito de morte deram dicas de que certo texto bíblico tivesse influência sobre sua conversão: "Vai, lê onde eu lancei primeiro minha âncora", ele disse à sua atenciosa esposa no leito de morte. Ela leu em João 17.3: "E a vida eterna é esta: que te conheçam a ti, o único Deus verdadeiro, e a Jesus Cristo, a quem enviaste".[7]

O mundo de Knox era muito conturbado. Talvez não houvesse outro lugar no mundo todo do século XVI mais necessitado de reforma que a Escócia. Iain Murray o descreveu como "um reino atrasado, brutal, dominado tanto por um clero avarento, inchado, como também por um poder civil corrupto".[8] Contudo, a providência divina estava operando nesse mundo. Os *Lolardos* de John Wycliff haviam proclamado o evangelho de Cristo na Escócia desde finais do século XIV, e mais recentemente, o zeloso filho de um nobre, Patrick Hamilton, tendo pregado a Cristo, foi, por isto, preso, condenado e queimado na fogueira durante seis horas, diante do Colégio de São

Salvador em 1528. Os ensinos de Martinho Lutero sobre a justificação somente pela fé estavam entrando na Escócia por meio de seus livros e panfletos.[9] Dedicados contrabandistas levavam carroças lotadas de Bíblias em língua inglesa, e *sola Scriptura* e o evangelho reformado estavam penetrando as universidades corruptas do reino. Enquanto isso, os camponeses cantavam baladas populares que expunham os abusos do clero e celebravam a verdade do evangelho.[10]

Começa a Perseguição

O clero medieval não estava contente. Havia poucos mais corruptos que o "clérigo inchado" o Cardeal David Beaton, de Saint Andrews. Beaton era tirano e "inquisidor, suntuoso e sem escrúpulos, com seus guardas, suas mulheres e seus sete filhos bastardos".[11] Decidido a apagar o surto crescente da Reforma, Beaton influiu na execução da selvagem lei do Parlamento contra as "condenáveis opiniões contrárias à fé e às leis da santa igreja".[12] Para dar força a essa nova política, em 26 de janeiro de 1544, Beaton ordenou que fossem enforcados quatro homens por deixarem de guardar a Quaresma e recusarem-se a orar aos santos. Insatisfeito, prendeu a esposa de um desses homens pelo "crime" de orar em nome de Cristo em vez de invocar a Maria durante suas dores de parto. Os capatazes de Beaton arrancaram o bebê recém-nascido de sua mãe e condenaram a mãe a ser publicamente afogada.[13]

Enquanto isso, Wishart viajava longe, pregando pelas terras baixas da Escócia. Jovens como Knox começaram segui-lo, maravilhados pela mensagem do Evangelho. Os nobres de Kyle, Cunningham e Ayrshire davam boas-vindas ao intrépido pregador; os Lockhart de Bar o hospedaram em sua casa e ouviram Wishart na grande sala abobadada de seu palácio ancestral.[14] Apesar da repressão de Beaton, a vizinhança de Ayrshire – desde os camponeses dentre as urzes até o conde em sua fortaleza – bebiam a mensagem de perdão e graça em Cristo da boca do pregador. Wishart também foi ouvido pelos Campbells do castelo de Loudoun, atravessando o rio Irvine, pois esses condes haviam abraçado a fé dos *lolardos* de Wycliff havia várias gerações, e agora haveriam de defender a causa do Pacto.

Enfurecido pela popularidade de Wishart, Beaton mandou que frades espiões infiltrassem as congregações que se juntavam em multidão para ouvir as pregações desse homem. Para dar legitimidade a seu esquema, Beaton dizia que Wishart planejava o assassinato do Cardeal.[15]

Ao cair da noite de 16 de janeiro de 1546, Wishart mostrou a Knox, um de seus zelosos protetores, uma carta recebida naquele dia vinda de alguns dos nobres de Ayrshire. A situação estava difícil, e, com receio de Beaton, eles resolveram não arriscar outra reunião pública para ouvir a pregação de Wishart. Confuso, Knox observou a angústia de seu mentor, lembrando que muitas vezes este lhe falara que "o tempo de sua labuta era curto, e o dia de sua morte estava mais próximo que qualquer um imaginasse".[16]

Dando ordens para que Knox entregasse a espada que levava para defender o pregador, Wishart "conversou, dando consolo sobre a morte dos filhos escolhidos de Deus", conduziu seus seguidores a cantarem o Salmo 51, expressou o desejo que Deus "lhe concedesse calmo descanso" e mandou que os homens jovens se afastassem dele. Quando Knox protestou, Wishart replicou: "Não. Volta para teus filhotes, e Deus te abençoe. Basta um só para o sacrifício".[17] Perto de meia-noite, Wishart foi preso pelo agente de Beaton, Conde de Bothwell. Foi lançado no infame calabouço *Bottle Dungeon* no castelo de Saint Andrews, depois julgado e condenado à morte pela fogueira. Temendo que os partidários de Wishart fizessem uma tentativa de salvá-lo quando estivesse na estaca, Beaton ordenou que soldados armados rodeassem as cercanias, e, das muralhas do castelo, apontasse os canhões para a multidão. Então Beaton se assentou para ficar mais à vontade, e ficou contemplando o espetáculo "a partir das janelas do castelo, ladeado de ricos reposteiros dependurados e se recostando em almofadas de veludo".[18]

"Para esta causa fui enviado", disse Wishart ao ser acorrentado à estaca pelo seu algoz. "Para que eu sofra o fogo por amor de Cristo. Não temo este fogo. Oro para que tu também não temas quem tem o poder de matar o corpo e não tem poder de matar a alma." Dito isso, Wishart virou e beijou o executor, dizendo: "Eis um sinal de que eu te perdoei. Executa o teu ofício".[19] Wishart morreu profetizando a iminente queda do cardeal que, satisfeito, assistia as chamas tomarem conta do corpo do pregador. Era o dia primeiro de março de 1546.

O Chamado de Knox para Pregar

Obediente, Knox havia voltado para seus "filhotes", os rapazes de quem ele era tutor no vilarejo de Longniddrey. Embora não estivesse presente quando Wishart foi queimado dois meses e meio após sua prisão, as notícias a respeito do trágico acontecido correram depressa, levando muitos através da Escócia "a detestar e amaldiçoar a crueldade empregada", conforme Knox relata em sua história.[20]

A essa altura, ficou impossível para Knox vacilar. Era sabido que ele era defensor de Wishart e portador de uma larga espada em defesa dele. Sendo Beaton implacável na determinação de arrasar a reforma, havia grande perigo para qualquer que a tivesse defendido publicamente. Knox era um homem marcado.

Por algum tempo, continuou em suas responsabilidades de ensinar a Francis e George, filhos de Hugh Douglas, e a outro jovem, Alexander Cockburn. No decurso dessa tutoria, Knox desenvolveu um catecismo informal, baseado na Escritura, e começou a ensinar o livro de João. Outros vieram escutar essas palestras, e logo elas se desenvolveram em exortações. Uma coisa era certa para quem ouvisse esses sermões: Knox era pregador, tendo dom semelhante ao de seu falecido mentor. Logo os homens comentavam: "Se o Mestre George Wishart nunca falou tão claramente, e assim mesmo foi queimado, Knox também sofrerá o mesmo desenlace".[21]

Chegou a notícia que nas primeiras horas de 29 de maio de 1546, diversos filhos de nobres conseguiram entrar no castelo de Saint Andrews batendo na cabeça do guarda noturno e mergulhando-o no fosso. Uma das amantes de Beaton, Marion Ogilvy, tinha acabado de sair pelo portão dos fundos. Os homens entraram no quarto de Beaton, que estava deitado e protestou:

– Sou sacerdote! Vós não podeis me matar!

Em resposta, James Melville o conclamou a arrepender-se do pecado de matar a Wishart, "aquele insigne instrumento de Deus", e depois de chamá-lo de "obstinado inimigo de Jesus Cristo", atravessou-o com uma espada. As últimas palavras de Beaton foram: "Sou sacerdote. Tudo acabou".[22]

Os despreparados filhos de nobres tentaram tomar posse do castelo e negociar com Mary Guise, regente e mãe da jovem Mary, rainha da Escócia. Enquanto isso, os *Castilianos*, como foram chamados, tentaram fazer com que Knox se juntasse a eles e fosse seu capelão. Embora não tivesse participado em nada do assassinato de Beaton, Knox não dava desculpas por alegrar-se "com os justos juízos de Deus" sobre o tirano fornicador.[23] Concordou em juntar-se aos jovens na ocupação do castelo.

Ao chegar, Knox começou a ensinar seus jovens alunos na capela do castelo enquanto os exércitos da rainha regente se preparavam para sitiar a fortaleza. No entanto, Beaton havia deixado uma vantagem não-intencional aos jovens reformadores que agora controlavam sua fortaleza. Paranóico quanto à vingança de seus múltiplos inimigos, Beaton tinha reforçado o castelo tornando-o impenetrável, deixando provisões abundantes para sustentá-lo durante o mais prolongado cerco.[24] Cresciam as tensões enquanto Melville e seus homens escreviam cartas a Henrique XVIII implorando amparo militar à coroa inglesa, enquanto Mary Guise pedia apoio à corte francesa para envio de uma frota em auxílio a seu próprio exército.

Durante este tempo, era continuamente pedido que Knox expandisse suas aulas particulares para uma pregação pública para toda a guarnição do castelo. Ele recusou, declarando que "não podia correr para onde Deus não o havia chamado". No entanto, resolvido a tornar Knox seu pregador, um dos homens falou finalmente por todos:

> Em nome de Deus, e de seu Filho Jesus Cristo, e em nome daqueles que presentemente o conclamam por minha boca, eu chamo à obrigação que não recuses esta santa vocação, mas que tenhas apreço pela glória de Deus, pelo aumento do reino de Cristo, e edificação de teus irmãos... que assumas o ofício público da pregação, assim como procuras evitar o pesado desprazer de Deus e desejas que ele multiplique sua graça em ti.[25]

Ao ouvir essa exortação, o homem que um dia, como trombeta trovejaria sem temor diante de monarcas, desabou em choro e saiu correndo do salão. Contudo, finalmente ele aceitou o chamado e entregou seu primeiro sermão oficial, sobre Daniel 7.24-25, em que "mostrou o grande amor de Deus por sua igreja" e demonstrou como a igreja verdadeira "ouve a voz de seu verdadeiro pastor, Jesus Cristo".[26] Ao dar início ao altaneiro chamado que ocuparia o restante de sua vida e ministério, Knox orou: "Ó Senhor Eterno, mova e governe minha língua para que eu fale a verdade".[27]

Derrota e Escravidão

"A Inglaterra certamente nos salvará"[28], pensavam os zelosos *castilianos*, mas o idoso rei Henrique VIII deixou de mandar o esperado auxílio para Knox e os jovens reformadores no castelo. Enquanto isso, a França mandou uma tremenda armada de vinte e uma galeras fortemente munidas e um vasto exército que começou a bombardear o castelo do lado do mar.

Apesar da falta de treino, os *castilianos* gozaram de sucesso inicial, quase afundando um dos navios franceses com um canhão do castelo. Gabaram-se alegremente da vitória e da espessura dos muros do castelo; Knox, porém, previu que as paredes rachariam "como casca de ovos" e os sobreviventes ao cerco seriam levados prisioneiros.

Resolvida a esmagar seus inimigos, a Rainha regente ordenou que os "canhões reais", gigantescas peças de canos duplos dessem início a um feroz fogo de barragem que realmente começou a reduzir a escombros os muros do castelo. Logo Knox e os *castilianos* começaram a se desesperar. Cercados por terra e por mar, vencidos pelas armas de soldados e marinheiros bem treinados, os jovens começaram a negociar, desesperadamente, por suas vidas.

Finalmente, em 31 de julho de 1547, Knox e os *castilianos* renderam-se às forças de Mary Guise, apoiadas pelos franceses. Knox e os demais sobreviventes, acorrentados, foram transportados para a frota francesa, atravessando então o mar até Rouen, à boca do Rio Sena. Ali os prisioneiros escoceses foram divididos: Knox e diversos outros foram condenados como escravos às galés, cada qual acorrentado a um remo de um navio.[29]

Remar no Século XVI não era nenhum esporte universitário de elite. Knox foi "acorrentado e tratado com toda a indignidade geralmente oferecida aos hereges, além dos rigores usuais do cativeiro".[30] Dezenove meses gelados e encharcados, de péssima comida, água podre e trabalho duro, de quebrar as costas, deixaram marcas na saúde de Knox para o resto de seus dias. Como João Calvino, Knox sofreria até o fim com cálculos renais, insônia e outros males diversos.[31]

Enquanto isso, Knox ainda era assediado por católicos franceses que tentavam convertê-lo ao catolicismo. Knox recorda um episódio ocorrido no rio Loire perto de Nantes, onde oficiais franceses tentaram forçá-lo a venerar uma imagem de madeira de Maria.

– Não me perturbai, disse Knox. Tal ídolo é amaldiçoado, portanto, eu não o tocarei.

Com isso seus perseguidores "enfiaram a imagem, com violência, em seu rosto, colocando-a entre suas mãos". Indiferente às consequências temporais, Knox tomou a imagem e lançou-a ao rio.

– Deixem que Nossa Senhora salve a si mesma. Ela é bastante leve. Pode aprender a nadar.[32]

Durante sua escravidão, Knox fez duas viagens de volta à Escócia. Na segunda, quando o navio ancorou entre Dundee e Saint Andrews, Knox estava tão fraco e doente que os outros pensaram que fosse morrer. Temendo que Knox estivesse delirando, um colega escocês de escravidão, James Balfour perguntou-lhe se ele reconhecia onde estavam.

– Sim, conheço bem, pois vejo a torre do lugar onde o Senhor abriu pela primeira vez minha boca em público para a sua glória, e sei que, não importa o quão fraco estou agora, não morrerei até que volte a glorificar seu bendito nome neste mesmo lugar.[33]

Ministério na Inglaterra

No começo de 1547, morreu Henrique VIII e seu único filho foi coroado como Eduardo VI, um rei menino sob a tutela e influência de homens piedosos tais como Hugh Latimer. Após mais de um ano e meio de negociações, os conselheiros protestantes da corte de Eduardo conseguiram a libertação de Knox e dos prisioneiros escoceses apreendidos em Saint Andrews, com uma única exceção. Melville, aquele primeiro a atacar Beaton com espada, havia morrido no calabouço de um castelo de Brest.[34]

Em fevereiro de 1549, Knox, livre e novamente em solo britânico, foi recebido com entusiasmo por líderes que buscavam fazer reforma na Igreja da Inglaterra. A Reforma de Cambridge, iniciada na hospedaria de *White Horse*, estava chegando a seu apogeu com a pregação e os escritos de Latimer, o Arcebispo da Cantuária Thomas Cranmer, Nicholas Ridley, entre outros. Estes ensinavam o mesmo que Knox: que a redenção foi perfeitamente realizada por Cristo, que, conquanto a igreja católica romana tivesse "reavivado o reinado da lei", a Reforma "agora estava reavivando o reino da graça".[35]

Recebendo um salário pago dos cofres reais, Knox pregava todos os dias da semana, e em 1551, foi convidado a pregar para Eduardo VI na capela de St. George no castelo de Windsor. Sua pregação foi tão calorosamente recebida que os ingleses ofereceram-lhe o pastorado da igreja de *All Hallows* (Todos os Santos) em Bread Street, púlpito de grande influência em Londres, o qual Knox recusou. Não querendo ser dissuadidos, os conselheiros ofereceram a Knox o bispado de Rochester, o qual ele também recusou. Foi dito a respeito de Knox: "Não havia dinheiro que o pudesse comprar".[36] Talvez ele concordasse com Latimer que "O bispo mais diligente da Inglaterra é o diabo".[37]

Knox suspeitava dos bispos e daqueles que tinham o poder de instalar os cargos, e logo se desentendeu com Cranmer. No Livro Comum de Oração, o arcebispo prescrevia ajoelhar-se como postura correta para receber a Ceia do Senhor. Para Knox, ajoelhar-se ante os elementos tinha laivos da Missa medieval, "uma invenção humana".[38] Achava que ajoelhar-se demais tornava em ídolos os elementos. "O movimento externo do corpo", como dizia seu mentor Wishart, "sem o movimento interno do coração, nada mais é que macaquear, e não servir verdadeiramente a Deus".[39]

Finalmente, foi decidido que Knox seria melhor aproveitado no norte do país, longe de Londres e próximo à Escócia. Foi enviado a Berwick-on-Tweed, uma cidade fronteiriça infame por sua vida dissoluta e corrupção. Ao aceitar o posto, Knox havia dado as costas a um bispado importante, em contato diário com homens distintos e de posição, e da oportunidade de pregar diante do rei da Inglaterra. Esse movimento em declínio de sua carreira era mais ou menos equivalente a deixar um posto como chefe executivo de um banco para o de principiante contador de moedas. Muitos pregadores de hoje considerariam tal mudança um forte atraso em sua carreira profissional. Mas mesmo sendo Berwick-on-Tweed um lugarejo do "lado errado do trilho", fugia a Knox qualquer entendimento que isso fosse loucura.

Ele lançou-se com zelo às novas responsabilidades, "pregando o evangelho de Jesus Cristo publicamente, e pastoreando o rebanho que foi redimido com seu sangue, o qual Cristo recomendou ao cuidado de todos os verdadeiros pastores".[40] O Espírito de Deus preparara o caminho, e Knox teve como primícias de sua pregação a conversão de Elizabeth e Marjory Bowes, esposa e filha do governador do castelo de Norham, sendo que a última passaria mais tarde a ser esposa de Knox.[41]

A pregação do evangelho da graça somente por Cristo provocou o desagrado do bispo vizinho de Durham, Cuthbert Tunstall, o homem que havia desdenhado William Tyndale trinta anos antes, recusando-se a sancionar uma Bíblia em língua inglesa, até mesmo queimando uma pilha de Novos Testamentos diante da catedral de St. Paul em Londres.[42] A reforma inglesa era de tal forma incompleta que um homem hostil ao evangelho como era Tunstall podia manter o confortável cargo de bispo.

Knox foi chamado para apresentar-se diante do Bispo Tunstall, onde fez uma fulminante defesa do *Sola Scriptura*, diante de líderes eclesiásticos de toda categoria:

> Ó Deus Eterno! Não tens colocado nenhum outro fardo sobre nossas costas que o que Jesus Cristo estabeleceu

por sua Palavra? Então, quem nos sobrecarregou com todas essas cerimônias, prescrevendo jejuns, forçando a castidade, votos ilegítimos, invocação dos santos, com a idolatria da missa? O Diabo, o diabo meus irmãos, inventou todos esses fardos para deprimir homens imprudentes para a perdição.[43]

Exílio em Genebra

Exatamente o que teria acontecido a Knox nas mãos de Tunstall fica no campo de especulação ante a precoce morte do rei Eduardo VI, o "mais piedoso e virtuoso rei",[44] conforme Knox o chamava. A morte de Eduardo VI em 1553 foi seguida da coroação de sua meia-irmã, Maria Tudor, que prontamente mereceu o título de "Bloody Mary" (Maria a Sanguinária). Fervorosa católica romana que nunca se recuperou do divórcio entre seu pai Henrique VIII e sua mãe, Catarina de Aragão, Maria deu inicio à perseguição dos protestantes pela qual é conhecida na história.

Com sua franqueza característica, como que enchendo os pulmões para fazer ressoar uma trombeta, Knox descreveu a ascensão dessa monarca ao poder:

> Após a morte desse mais virtuoso Príncipe, do qual o povo ímpio da Inglaterra em sua maior parte não era digno, o doce Eduardo, Satanás quis nada mais que apagar inteiramente a luz do evangelho de Jesus Cristo em toda a ilha da Grã-Bretanha, pois depois dele se levantou, no forte desprazer de Deus, aquela Jezabel idólatra, Maria a Malvada, de sangue espanhol, cruel perseguidora do povo de Deus.[45]

Knox fugiu para salvar sua vida e rumou para o continente

europeu, "com menos de dez moedinhas no bolso",[46] era um fugitivo paupérrimo. Seu exílio foi mais árduo porque o separava da mulher a quem amava e com quem estava comprometido: Marjory Bowes. Nos anos negros do reinado de Mary Tudor (1553-1558), nos quais ela mandou queimar 280 cristãos, alguns deles amigos próximos de Knox, ele chegou bem perto de desesperar.

Calvino, o Reformador francês, havia tido notícias do pregador escocês refugiado e o recebeu com afeto para a obra em Genebra, na Suíça. Porém, não foi por muito tempo. Em 24 de Setembro de 1554 Knox recebeu convite para pastorear uma igreja de língua inglesa em Frankfurt, e, encorajado por Calvino, aceitou o convite. Logo descobriu, porém, que a igreja de Frankfurt era dominada por aqueles que insistiam em uma forma Anglicana de culto, e para Knox, a liturgia central Anglicana tinha pouca diferença da idólatra missa do catolicismo romano.[47] Knox tinha pouca paciência com liturgia, qualquer que fosse, que não tivesse a pregação de Jesus Cristo em seu centro.

Alguns homens criam pequenas ondas. Knox criava *tsunamis*. Face à oposição de Knox à liturgia Anglicana, diversos refugiados de destaque que moravam em Frankfurt de repente tornaram-se fervorosos ingleses, leais à coroa de Mary Tudor. Nunca propenso a medir suas palavras, Knox havia se referido a Mary como "aquela Jezabel", e ao seu marido, o Imperador do Santo Império Romano Felipe II da Espanha como "Nero". Os ingleses que procuravam uma maneira de se livrar de Knox tramaram trair-lhe para um ou ambos desses reinantes. Temendo a repercussão sobre sua cidade, os magistrados de Frankfurt avisaram a Knox do perigo e instaram com ele para que fugisse.[48]

Numa carta dirigida a Knox, Calvino regozijava porque "no manejo da disputa ele havia sido cortês e tratável" mais do que os ingleses, mas o exortava a apaziguar aqueles que possuíam sentimentos "mais rancorosos" ou "amargura escondida" e que cultivasse uma "santa amizade" com os ingleses de Frankfurt.[49] Calvino passou então a convidar Knox a voltar a Genebra para ali assumir os deveres pastorais e de pregação entre os refugiados de língua inglesa daquela cidade. Ministrando bem próximo, ao lado de Calvino, Knox aprendeu mais sobre *Solus Christus*, a verdade que a salvação é somente através de Cristo, e como pastorear e pregar com a humildade de Cristo. Além do ministério de pregação, Knox provavelmente contribuiu para a tradução e notas de estudo da Bíblia de Genebra.

Em todo seu ministério, Knox considerava Calvino seu pai espiritual, e consultou o reformador genebrino nas suas correspondências. Calvino foi tão influente na vida de Knox que quando este estava em seu leito de morte, pediu que sua esposa lesse para ele os sermões de Calvino em Efésios.[50]

O tempo passado em Genebra foi para Knox de formação para sua vida. Escreveu ele: "É a escola mais perfeita de Cristo sobre a terra desde os dias dos apóstolos".[51] No entanto, o amor de Knox pela Escócia fazia que ele ansiasse retornar à terra natal: "Sinto um soluço e um gemido, desejoso que Cristo Jesus seja pregado abertamente em minha terra nativa, ainda que para isso seja necessário perder minha miserável vida".[52]

"Pregado abertamente", para Knox, significava que um dia de combate feroz contra a coroa escocesa estava à sua frente. Enquanto em Genebra, começou a compreender os papéis da igreja e do estado, entendendo que uma monarca era indigna de reinar em questões civis se abertamente acatasse a idolatria na igreja. Consultou Calvino quanto a possibilidade da igreja escocesa se rebelar abertamente "contra um magistrado que obriga a idolatria e condena a verdadeira religião". Calvino aconselhou prudência.[53] Mas na causa de Cristo e de seu evangelho, "prudência" não fazia parte do vocabulário de Knox.

Não é de surpreender, portanto, que em 1555 (o mesmo ano em que Latimer e Ridely foram queimados por Bloody Mary em Oxford), quando John Erskine de Dun, David Forrest, Elizabeth

Adamson e outros nobres escoceses imploraram que Knox voltasse à Escócia, ainda que fosse perigoso, Knox voltou para sua terra e começou a pregar abertamente.[54] É difícil imaginar uma cruzada de pregação mais perigosa ou destemida. Previsivelmente, Mary Guise, rainha regente, via a pregação aberta de Knox como desafio à luta, mas ele conseguia andar um passo adiante dos escudeiros rainha. Knox escreveu: "Nosso Capitão, Cristo Jesus, e Satanás, seu adversário, estão agora em guerra aberta; suas bandeiras estão hasteadas e a trombeta tocou de ambos os lados para o ajuntamento de seus exércitos".[55]

Durante a incursão dessa cruzada de pregação, Knox aproveitou a oportunidade para casar-se com sua noiva, Marjory Bowes. Quanto mais o clero e a rainha católica condenavam sua pregação, maior apoio recebeu da Escócia – desde homens da estirpe do irmão ilegítimo da rainha, James Stewart, Conde de Moray, até os mais humildes arrendatários. Quando sua efígie foi queimada em praça pública em Edimburgo, o casamento estava completo: a Escócia havia encontrado seu herói terreno em Knox.[56]

Instado a retornar a Genebra, Knox continuou seu ministério junto a Calvino de 1556 a 1559, tempo em que escreveu, intempestivamente, o livro *First Blast of Trumpet Against the Monstrous Regiment of Women*, em 1558 (Primeiro clarim da trombeta contra o monstruoso regimento de mulheres), uma crítica contundente à tirania feminina. Sua intenção era denunciar Mary Blood, da Inglaterra, mas foi sua sucessora protestante, Elizabeth I quem leu o tomo. Basta dizer que isso nada agradou à nova monarca inglesa, que passou a desprezar profundamente a Knox.[57]

Volta à Escócia

Em 1559, Knox foi chamado pelos Senhores da Congregação, a nobreza de tendências Reformadas da Escócia, a voltar. Pedindo a licença de Calvino, seu amigo e mentor, Knox partiu para sua terra natal, onde a rainha regente montava suas defesas.

Knox irrompeu sobre a Escócia como um atleta campeão de corrida dispara com o tiro que marca o início da corrida. De saúde abalada, cercado pelo exército francês da rainha regente, Knox estava, ainda assim, decidido a pregar a Cristo. "Não posso, em boa consciência, deixar de pregar amanhã, a não ser que a violência me detenha", escreveu. "E quanto ao temor por minha pessoa... minha vida está nas mãos daquele cuja glória eu busco, e sendo assim, não temo as suas ameaças. Não desejo mão ou arma de homem algum para me defender".[58] Depois dos sermões de Knox, homens e mulheres se convertiam à viva fé em Cristo pelo poder do evangelho, e as estátuas dos santos e de Maria foram derrubadas.

Mary Guise, estando com uma doença fatal, esforçou-se ao máximo para impedi-lo, mas o efeito era de um pequeno beija-flor contra um jato *Jumbo*. Destemido ante os esforços para impedi-lo mediante força militar, Knox continuava pregando. O arcebispo de Saint Andrews ameaçou atirar sumariamente em Knox caso ele continuasse pregando, mas ele continuou, desde Perth até Fife e além. Como resultado, o verão de 1559 viu um reavivamento extraordinário espalhar-se por toda a Escócia.[59]

Em novembro de 1559, o exército da rainha regente atacou as forças protestantes e o povo que cultuava em Leith. Alguns foram mortos. Knox continuou pregando. Quatorze sacerdotes de Saint Andrews renunciaram o papismo, arrependeram-se de seus pecados, e professaram a fé somente em Cristo Jesus. Knox continuou pregando, e milhares mais vieram à fé viva em Jesus.[60]

Num mundo de exageros e engodo como o nosso, peritos em crescimento de igreja indagam como Knox conseguia tamanho sucesso sem os recursos da alta tecnologia. O próprio Knox dá resposta: "Pela graça de Deus, eu declaro a Jesus Cristo, a força de sua morte e o poder de sua ressurreição".[61] Talvez nunca antes tenha havido em um só país tantos convertidos a Cristo em tão pouco tempo. Sobre o espalhamento rápido do evangelho na Escócia sob liderança de Knox, Calvino escreveu: "Como estamos surpresos pelo incrível progresso em tão breve espaço de tempo, igualmente nós agradecemos a Deus pela bênção singular que se expressa aqui".[62]

Depois do último suspiro de Mary Guise em julho de 1560, os Senhores da Congregação, nobres da terra e membros do Parlamento escocês abraçaram a bandeira de Knox e o evangelho da Reforma. Comissionaram Knox a formar um comitê de teólogos que formulassem uma confissão de fé: "cujo resumo de doutrina eles manteriam, desejosos que o presente Parlamento estabeleça como saudável, verdadeiro único necessário para se crer e receber dentro do reino".[63] Em quatro dias, Knox e seu comitê de cinco, completaram a Confissão Escocesa, primeiramente ouvida ecoando pelo grandioso salão nobre do castelo de Edimburgo, perante o Parlamento em assembléia. Este declarava com ousadia que "O novo nascimento é realizado pelo poder do Espírito Santo, criando no coração do povo escolhido de Deus uma fé segura na promessa de Deus, que nos é revelada por sua Palavra; por esta fé abraçamos a Cristo Jesus com as graças e bênçãos nele prometidas."[64] Em 17 de agosto de 1560 um Parlamento entusiasmado votou para aprovar a Confissão Protestante, com isso concordando que o Catolicismo Romano, "o antigo sistema era podre até o cerne".[65]

Pouco depois, Mary Stuart, rainha da Escócia, ficou viúva aos dezoito anos, quando seu marido Francisco II, rei da França, morreu repentinamente.[66] Mary retornou pesarosa à Escócia para assumir seus deveres reais e restaurar o país ao papado – e conheceu Knox pela primeira vez. "Linda, de vontade egoísta, brilhante, com o duro brilho do diamante",[67] ela contava com seus encantos femininos para pacificar Knox, como fizera antes com outros homens, um monumental erro de cálculo que certamente a deixaria perplexa nas lutas que viriam.

Houve mais uma morte em 1560 que afetou profundamente a Knox: Marjory, sua esposa, mãe de dois de seus filhos também morreu. Calvino escreveu que "não havia outra igual a Marjory, a falecida esposa de Knox," e se referia a ela como "a mais doce esposa".[68] O sofrimento de Knox, por mais real que fosse, permaneceu particular. Ele casaria novamente quatro anos mais tarde.

Enquanto isso, prosseguia, lançando os fundamentos da igreja escocesa. "Não pertencerei a nenhuma outra igreja exceto a que tem como pastor a Cristo Jesus, que ouve sua voz e não ouvirá o estranho".[69] Na Confissão Escocesa e nos dois *Livros de Disciplina* Knox fundamentou a teologia, o culto, a alfabetização e a pregação na Escócia Reformada. Os doze anos seguintes foram de construção e, por vezes, lutas amargas para trazer a teoria à fruição. Como os profetas da Antiguidade, Knox era odiado e temido por alguns, honrado e respeitado por outros. Mas ele mesmo não se abalava com nenhuma dessas atitudes quanto à sua pessoa.

Perante a Rainha

Em seus confrontos com a rainha, Knox não moveu um fio quanto à questão da centralidade de Cristo e do evangelho. Quando a loucura do reinado de Mary ia em queda espiral, em triângulos amorosos, complôs de assassinato, esquemas políticos e desafios ao Parlamento Escocês e à confissão de fé reformada, Knox jamais vacilou. Declarou: "Madame, como a religião verdadeira jamais teve sua força original ou sua autoridade mundana derivada dos príncipes, mas somente do Eterno Deus, assim também os súditos não estão presos a formar sua religião de acordo com os apetites de seus príncipes."[70]

Knox era um homem de sua época, e seus dizeres podiam ser cáusticos ao denunciar seus opositores, a que a rainha reagia com estonteado silêncio ou lágrimas, dependendo do que mais lhe convinha no momento. Mas um crítico imparcial de Knox admitiu que "apesar de trovejar, nunca o encontraremos dominado por motivações egoístas ou venais. Nisto ele permanece de pé sozinho, preeminente sobre todos os homens".[71]

Pregando a Cristo em Saint Giles, Edimburgo, contendendo com monarcas e nobres de vontade frouxa, Knox distribuía incansavelmente "o pão da vida conforme recebi de Jesus Cristo"[72], até o seu último sermão, pregado em 9 de novembro de 1572. Fraco demais para andar, ele foi carregado até o seu púlpito em Saint Giles e de lá para seu leito. A dor não era novidade para Knox: convivera com ela a maior parte de sua vida. Apesar disso, escreveu: "A dor de cabeça e de estômago muito me perturbam; diariamente vejo o meu corpo deteriorar. A não ser que essa dor diminua, tornar-me-ei inaproveitável".[73] Nos dias tormentosos que seguiram, amigos e partidários juntavam-se ao redor de sua cama. "Está chegando a hora", disse-lhes, "para a qual há muito tenho ansiado, em que serei aliviado de todos os cuidados, e estarei para sempre com meu Salvador Jesus Cristo".[74]

Morrendo no Senhor

Ele estava certo. Segunda-feira, 24 de novembro de 1572 foi um dia em que Knox ouviu sua esposa ler o capítulo 17 de João, "onde lançou primeiramente a sua âncora" e 1Coríntios 15 sobre a ressurreição, a que ele comentou: "Não é este um capítulo de grande consolo?" Ouviu também a leitura de sermões de Calvino em Efésios. Finalmente, deu um profundo suspiro e disse: "Agora chegou. Vem, Senhor Jesus, doce Jesus. Em tuas mãos entrego meu espírito".[75] No silêncio que seguiu, pediram que ele desse algum sinal que estava morrendo nas promessas do evangelho. Knox levantou uma mão em direção ao céu, mais uma vez suspirou, e "sem relutância, como quem dorme, deixou esta vida".[76]

Dois dias mais tarde, o corpo de Knox foi deixado em repouso no lado sul de Saint Giles (no tempo em que escrevo este livro, debaixo da vaga de estacionamento número vinte e três). Desde homens do povo até membros da nobreza, imensa multidão encheu as ruas de Edimburgo para prestar suas homenagens. O regente, Conde de Morton, é citado por diversos como tendo dito à sua sepultura: "Aqui jaz alguém que em toda sua vida jamais temeu a face do homem".[77] Como quem auxilia cristãos temerosos através dos séculos, Thomas Smeaton, pastor colega de Knox, o elogiou, ressaltando a ação graciosa de Deus que estava sendo manifesta: "Não sei de nenhum outro em quem Deus tenha colocado espírito mais piedoso e grandioso em um corpo tão frágil e pequeno".[78] Qualquer cristão que tenha se sentido pequeno e frágil poderá recobrar o ânimo com a graciosa obra de Deus na vida e no ministério de Knox.

CAPÍTULO 2

O Poder de uma Vida Submissa a Cristo

Não busquei eminência, glória ou riquezas.
Minha honra era que reinasse Cristo Jesus.[1]
— *John Knox*

Não é coincidência que cem anos depois da morte de Knox, cristãos escoceses assinassem os seus nomes com sangue, em protesto contra tiranos usurpadores do reino do Rei Jesus, em um pacto de "apoiar os direitos da coroa do Redentor em sua *Kirk* (Igreja)". Neste ato, e nas décadas de perseguição brutal que se seguiram, vemos o legado da cristologia de Knox impressa sobre seus compatriotas. Desde a primeira até a última página das obras escritas por ele, o leitor é levado de volta à fonte da grandeza de Knox: Cristo era o centro de todas as dimensões de sua vida. Isso, e somente isso, era o que tornava Knox tão poderoso em sua fraqueza.

Descasque as diversas camadas da história e leia nas

entrelinhas – não há, jamais, resquício de falsa modéstia no homem; as suas declarações – quer positivas quer negativas – são corroboradas por aqueles que estavam mais próximos dele. Em sua época não se admitia fraqueza; leões devoradores estavam à espreita, esperando esmagar homens fracos. Contudo, Knox admitia, impassível, suas fraquezas: "estremeço, tenho medo, e tremo". Era a admissão honesta dessa fraqueza e sua correspondente dependência de Cristo que lhe dava tanta força contra os inimigos do evangelho. Não era uma pose quando admitia seus temores. Porque sabia que era homem de inerente fraqueza, e por ser homem sincero e humilde, podia dizer sem pretexto: "Não busquei eminência, glória ou riquezas. Minha honra era que reinasse Cristo Jesus".[2]

Quando alguém é tão submisso à graça de Deus no evangelho que uma autoavaliação dessas é acertada, tal pessoa – quer a amemos ou a odiemos – se destaca na multidão. Foi assim que John Knox alcançou eminência em toda a Escócia. No entanto, em desproporção a essa eminência, ele não obteve glórias nem riquezas. Foi destacado porque, diferente de tantos, não a buscou: não se dispôs a conquistar o mundo para si mesmo. Não havia pretexto ao escrever: "Agradou à misericordiosa Providência fazer de mim, entre outros, simples soldado e portador de testemunho diante dos homens".[3] Como testemunha, usou cada nervo espiritual de sua existência para que "reine Cristo Jesus".[4] Cercado por homens de ascendência social mais elevada e maior preparo formal, ele surgiu em 1559 como o maior líder da Reforma Protestante na Escócia. Conseguiu essa façanha sem a existência de aparelhagem moderna, sem auxílio de audiovisuais de última geração, sem manchetes na mídia social. Era um megapregador num mundo onde inexistia tal categoria. No entanto, era um pastor carinhoso: um simples pastor guiando simples ovelhas a um Salvador profundamente grandioso. Apesar de sua pequena estatura, havia em volta de Knox a essência da grandeza e força que desafiam as medidas modernas.

Para uma avaliação correta, é necessário novamente voltar o pensamento aos profetas da Antiguidade – Elias, Jeremias e os outros. Para algumas pessoas, "sua avaliação tácita que tinha papel semelhante ao do profeta do Antigo Testamento fazia que parecesse apenas um fanático".[5] A lorota moderna sobre os profetas antigos era que fossem monstros desvairados, tiranos, incompatíveis com o suposto esclarecimento de nosso tempo atual. Sendo assim, muitos presumem que Knox fosse um tirano religioso, e como todo tirano, orgulhoso e ambicioso, uma força esmagadora que fazia sua própria vontade a qualquer custo.

Tal visão injusta dos profetas sugere conclusões erradas quanto a Knox. Os melhores historiadores, quer amigos quer inimigos, vêem o caráter de Knox como "totalmente isento de traços de vaidade pessoal, egoísmo ou exaltação de si mesmo".[6] No entanto, alguns de seus contemporâneos chamavam-no de "pregoeiro de rebeldia"[7] – homens que hoje em dia o classificariam como "entre os mais intolerantes dos homens".

Teríamos apenas de voltar os olhos para as palavras de Jesus para entendermos melhor como Knox obteve tal fama – e, contudo, passou a ser tão odiado entre tantas pessoas: "Se vós fôsseis do mundo, o mundo amaria o que era seu; como, todavia, não sois do mundo, pelo contrário, dele vos escolhi, por isso, o mundo vos odeia" (João 15.19). O mundo odiou a Cristo e assim, odeia os seus eleitos, seus fiéis seguidores – em especial aqueles a quem Deus dotou de porção dobrada da sua capacidade. Não é de surpreender que o mundo desprezasse a Knox.

A Vida como uma Batalha

Quando existe o ódio, é inevitável que exista a guerra. A vida de Knox era de lutas e batalhas. Como num conflito mortal, os riscos eram muito altos. Ele viu muitos de seus amigos perseguidos, abatidos, presos, condenados e queimados na estaca. Antes de sua morte, soube do Massacre do Dia de São Bartolomeu, onde, por decreto real, vinte mil Huguenotes franceses foram abatidos. Knox foi chamado como soldado "na batalha do Senhor"[8], e sabia que o servo não é maior que seu Senhor e ser soldado na causa de Cristo é custoso.

Em sermão pregado no relato de Mateus sobre a tentação de Jesus no deserto, Knox preparou seu rebanho para um conflito mortal com Satanás, para depois conquistarem uma vitória ainda maior em Jesus Cristo:

> Penso eu que nosso Mestre Campeão, Cristo Jesus, provocou o inimigo para a batalha da seguinte forma: "Satanás, tu te glorias em tua força e vitórias sobre a humanidade, que ninguém consegue resistir teus ataques nem rejeitar teus dardos, e que em um ou outro tempo, fazes uma ferida: eis que sou Homem, como os meus irmãos, tendo carne e sangue e todas as propriedades na natureza humana, (com exceção do pecado): Tenta, prova e ataca-me. Ofereço-te um lugar muito apropriado: o deserto."[9]

No cenário que se desdobra contra Satanás, Knox continuava com a arte criativa de um mestre contador de histórias: descreveu como Jesus apresentou as regras da luta e declarou qual seria o resultado final: Satanás será "vencido e confundido, e será compelido a deixar de acusar todos os membros do meu corpo, pois a eles pertencem os frutos de minha luta. Minha vitória é a deles; pois eu fui designado a carregar o castigo dos seus pecados em meu corpo".[10]

A partir disso, Knox fez uma aplicação para o seu rebanho e para si mesmo: "Que consolo deve ser a lembrança desses sinais para o nosso coração! Cristo Jesus já lutou a nossa batalha. Tomou-nos ele mesmo para nos proteger e cuidar. Por mais que o diabo assole com tentações, quer sejam elas espirituais quer físicas, ele não é capaz de nos privar a mão do Todo-poderoso Filho de Deus".[11]

Knox considerava que fosse "obra milagrosa" o fato de Deus ter escolhido "confortar os aflitos por meio de um vaso enfermo" e o tivesse levantado para "suprimir tal luta contra a sua glória".[12] Embora soubesse que era fraco e enfermo – referia-se a seu corpo decadente como "malvada carcaça"[13] – ele pôde enfrentar essa batalha porque sua vida havia sido sujeita a Cristo e a seu evangelho. Sua vida não era mais uma de luta contra Deus, sua vontade e seus caminhos. Knox posicionou-se contra os governantes que, contrários ao Reino de Deus e de Cristo, procuravam sujeitar o mundo à própria vontade, segundo seus próprios caminhos.

Sendo assim, a vida de Knox era uma luta constante contra os nobres que se importavam mais em obter poder político que em promover o evangelho, e contra as aspirações ao absolutismo de rainhas e regentes que mais davam valor aos prazeres temporais do que às suas almas eternas. Vendo o cenário político, espiritual e cultural, Knox declarou: "Vejo que será grande a batalha, pois Satanás se enfurece ao máximo". Estando bem dentro do conflito, mais tarde ele afirmou: "Tenho lutado contra Satanás, que está sempre pronto a nos assolar".[14] No entanto, estava confiante e destemido, pois "embora pareça que Satanás prevaleça contra os eleitos de Deus, no seu propósito final ele será sempre frustrado."[15]

A Última Batalha

Somos tentados a nos afastar de homens como John Knox, esquivar-nos dele em despropositado esquecimento porque suas circunstâncias eram tão diferentes das nossas. Será que suas lutas não eram mais controláveis por ele ter um chamado tão elevado e poderoso, e por sua vida ter sido tão deslumbrante? Afinal de contas, ele empunhou uma espada de dois gumes de verdade, aturou o cerco do castelo onde morava, sobreviveu após ter sido escravizado em uma galé francesa; teve audiências com uma rainha e pregou diante de um rei; contendeu com os mais poderosos e influentes do reino, escapou das balas de assassinos e dirigiu o rumo da Reforma de toda uma nação. E nós estamos apenas tentando equilibrar os débitos em nossa conta e alimentar nossa família.

Lembre-se de que essas aventuras revestidas de encanto quase mataram a Knox; arrasaram completamente a sua saúde e ele foi forçado a viver toda sua vida suportando dor física constante. O "glamour" de sua vida é bastante sobreestimado. Além disso, diferente de nossos conflitos e sofrimentos, as batalhas de Knox se travavam simultaneamente em várias frentes: rainhas, bispos invejosos, nobres vacilantes, aliados dúplices, os canhões da França e assassinos solitários – tudo em meio a dores de cabeça incessantes, febres altas e mal-estar de arrancar as entranhas. Em carta a João Calvino, Knox escreveu: "Estou impedido de escrever-te mais profusamente por uma febre que me aflige, pelo peso das labutas que me oprimem, e pelos canhões dos franceses que trouxeram até aqui para nos esmagar". No entanto, concluiu sua carta a Calvino, confiante em Deus: "Aquele cuja causa nós defendemos virá em socorro dos seus".[16]

Knox foi poderoso na batalha espiritual porque sua vida era submissa ao Rei Jesus, seu Campeão, que, consoante as suas promessas, vence a todos os seus inimigos. Assim como Knox encorajava o seu rebanho de Saint Giles, Edimburgo, há centenas de anos, ele também encoraja, a você e a mim: "É tão poderosa a mão de Cristo, sua bondade e misericórdia são tão imediatas, que ele sempre livra os seus pequeninos da mão de seu cruel inimigo".[17]

Cheio de compaixão e sentimentos em favor do próximo, Knox, o "simples soldado", escreveu palavras de encorajamento aos irmãos sofrendo sob a "Perseguidora", Maria Sanguinária. Suas palavras falam aos crentes que sofrem por amor a Cristo em todos os tempos, todas as circunstâncias e em todo lugar:

> Pelo fulgor da Escritura de Deus somos levados a sentir sua ira e fúria, provocada por nossas copiosas ofensas contra nós mesmos. Esta revelação e convicção Deus não envia com o propósito de nos confundir, mas por seu amor, pelo qual ele concluiu nossa salvação, firmando-nos em Jesus Cristo.[18]

Assim como a lealdade e o amor de John Knox "a Cristo o Redentor e Rei, que o guardou, controlou e sustentou durante toda sua 'longa e dolorosa batalha'",[19] assim também cristãos simples, graciosamente submetidos a seu Redentor, jamais terão falta do poder sustentador de Cristo. "Sou fraco, mas tu és forte", escreveu o poeta William Williams em seu hino.[20] Nosso poderoso Senhor Jesus vem em nossa defesa, quando a batalha é mais forte, e nos segura em sua poderosa mão. O nosso rei obterá a vitória eterna – tenha certeza disso! – contra seus e nossos inimigos. Na luta da vida, temos de ficar em pé, firmes, com Knox, como ele se postou com Cristo. Knox mostra, contudo, que não existe melhor postura para nos preparar para esse firmar em pé que ajoelhar-nos humildemente diante de Deus em oração.

CAPÍTULO 3

Poder de Oração

Quando John Knox subiu as escadas para interceder a Deus pela Escócia, foi o maior evento na história da Escócia.[1]

— *Charles Spurgeon*

Em 1909, no aniversário de 400 anos do nascimento de João Calvino, líderes cívicos e eclesiásticos revelaram ao público o Muro da Reforma em Genebra, Suíça. Ali estavam João Calvino e mais três dos principais luzeiros da Reforma, numa altura de cinco metros e meio ao longo do antigo muro da cidade. À esquerda de Calvino estava John Knox, e cinzelado no muro a seu lado encontravam-se as palavras: *Un homme avec Dieu est toujours dans la majorité* – "um homem com Deus está sempre em maioria".

Na história do mundo, muitos reis insistiram que reinavam por direito divino, que sua vontade era a vontade de

Deus, sendo corregentes com o próprio Todo-Poderoso. Em nível mais comum, a maioria de nós teve a dolorosa experiência de conviver com pessoas que julgam estar sempre certos e todos os demais do planeta errados. (Se refletirmos com sobriedade, tremeremos ao pensar que alguns de nós tornamo-nos pessoas como essas). Seria Knox outro exemplo garboso dessa espécie de arrogância? Não existe meio-termo nessa questão de "um homem com Deus está sempre em maioria". Quando nos referirmos a um homem dessa forma, ou é verdade, ou é mentira.

No sentido exato da palavra, nunca houve, na história da redenção, apenas um homem com Deus, sozinho. Elias achava que estava só, mas Deus disse que tinha reservado sete mil homens que não dobraram o joelho a Baal (1 Reis 19.18). Knox tinha na verdade, muitos antagonistas, mas também muitos que o apoiavam. No entanto, poucos contestam que Knox fosse o homem sobre quem os arremessos e as flechas sempre caíram com força na batalha pela Reforma na Escócia.

O que havia nesse homem que o fez único numa maioria com Deus, a ponto de quatrocentos anos depois de sua vida ser sua figura esculpida num muro em Genebra? Sem dúvida eram muitas as características, mas talvez a principal, entre as muitas qualidades de John Knox, tenha sido seu entendimento santificado de sua completa falta de valor a não ser que estivesse unido a *Deus,* junto a ele. Knox jamais foi visto como quem quer induzir Deus a ficar do *seu* lado – sabia que tinha de estar em posição de total submissão à vontade do Senhor em todas as coisas.

Knox sabia ainda que só havia um canal pelo qual isso ocorreria: "faça-se a tua vontade, assim na terra como no céu" (Mateus 6.10). Ele sabia que sem oração ele seria apenas um inútil "cachorro mudo"[2], um cão de guarda que não late nem morde. Sabendo isso a seu próprio respeito, Knox se humilhava, ajoelhava diante de Deus e submetia a sua vontade, mente e língua a Deus em oração. Diferente da maioria de nós, porém, ele não o fazia apenas quando as coisas se tornavam insuportáveis. Era o seu estilo de vida sempre.

Aqueles que o conheciam melhor diziam de Knox que era ele "para com Deus um eminente batalhador na oração".[3] Não é assim a maioria dos homens. Achamos que podemos resolver as coisas; pensamos que conseguimos fazer tudo sozinhos. Por que é que os homens dão voltas e andam muitos quilômetros a mais em seus carros, ao invés de pedir direções para determinado lugar? Perguntar por direções nos força a admitir que não sabemos onde estamos. Temos de admitir nossa fraqueza, nos humilhar e pedir ajuda. Homens não gostam de fazer isso. Nisso está uma prova da humildade de Knox. Ele conhecia sua profunda fraqueza. Sabia o quanto estava perdido. Assim, pediu de Deus a direção. Daí, ser ele exemplo máximo de homem de oração.

O Fundamento da Oração de Knox

Em 1556, Knox fez a seguinte oração: "Senhor, selaste em meu coração a remissão de meus pecados, os quais admito e confesso ter recebido pelo precioso sangue de Jesus Cristo uma vez derramado".[4] Essa confissão de fé, era o fundamento de seu ministério e a base para sua confiança em oração.

Isso não era característica natural de Knox. Ele não era grandioso de púlpito, nem habilidoso na arena pública nem naturalmente dotado da autoconfiança de um gigante de oração. Fazia uma avaliação honesta ao dizer: "Tenho mais necessidade de todos do que qualquer deles tenha de mim".[5] Nada pretensioso, Knox não utilizava palavras fingidas para simular humildade e fazer subir a aprovação por parte de sua congregação. Pela graça de Deus, estava além de qualquer autoengrandecimento. Possuía verdadeiro senso de sua fraqueza e assim, pedia sinceramente o poder de Deus. Conforme escreveu o apóstolo Tiago: "Muito pode, por sua eficácia, a súplica do justo" (5.16b). A humildade mostrava a Knox sua grande necessidade de oração, e sua oração sincera trazia grande força a ele.

Palavras atribuídas a Charles Spurgeon nos revelam a extensão dessa força: *"Quando John Knox subiu as escadas para interceder a Deus pela Escócia, foi o maior evento na história da Escócia."*[6] A oração foi a força motriz que avançou a Reforma na Escócia, e John Knox foi o maior batalhador de oração naquele reino.

A Melhor Escola de Oração

John Knox aprendeu sua teologia de oração na "mais perfeita escola de Cristo", a Genebra de Calvino. Calvino começa seu grandioso exame da oração apontando para o único Mediador entre Deus e os homens:

> Em Cristo ele oferece toda a felicidade no lugar de nosso desalento, toda a riqueza em lugar de nossa pobreza; nele Deus abre para nós os tesouros celestiais para que toda nossa fé possa contemplar seu Filho amado, e toda nossa esperança se apegue e descanse totalmente nele... Tudo quanto precisamos e tudo de que carecemos... está em nosso Senhor Jesus Cristo... Resta-nos buscar nele, e pedir dele em oração, tudo quanto aprendemos estar nele.[7]

Com certeza Knox ouviu muitas vezes a pregação e o ensino de Calvino durante o tempo em esteve exilado em Genebra, e certamente o ouviu orar em muitas ocasiões. É provável que tenha ouvido de viva voz sua declaração que, como os homens em si mesmos "são destituídos e carentes de todas as coisas boas"[8] deverão meditar na providente bondade de Deus em responder as orações pela mediação de seu Filho amado, e que a "medida de nossa fraqueza"[9] é ampla razão para que coloquemos toda nossa esperança em sua poderosa mão para nos auxiliar. Sob o ministério de Calvino, Knox aprendeu que "não há outro modo de pedir a Deus senão por meio de Cristo, o único caminho", e que "a Escritura nos chama a Cristo somente, e nosso Pai Celestial deseja que todas as coisas sejam reunidas nele".[10] Knox viu como Calvino fundamentava a efetividade da oração na mediação do Filho: "Portanto, a Escritura oferece-nos tão somente a Cristo o Filho, envia-nos a ele e nele nos estabelece".[11]

Sendo assim, quando Knox sentiu-se assoberbado por inimigos espirituais e políticos, quando toda a esperança nos poderes terrenos estava esgotada e parecia que tudo estava perdido para o evangelho na Escócia, Knox orou:

> Sendo que na política civil fomos agora deixados como um rebanho sem pastor, e como navio sem leme no meio da tempestade, que Tua providência vigie, Senhor, e nos defenda nestes dias de perigo, para que os ímpios do mundo vejam que tanto sem a ajuda de homens, como também com ela, Tu és capaz de reinar, manter e cuidar do pequeno rebanho que depende de Ti.[12]

Cercados por Amigos que Oravam

Knox tinha o apoio de amigos que oravam por ele, e sabia bem o quanto precisava desse suporte em oração. Numa carta dirigida a Calvino em 27 de agosto de 1559, Knox admitia francamente o quanto as dificuldades físicas o afligiam, o peso opressivo que sentia devido aos deveres de ministrar ao seu rebanho, e o brutal temor que o apertava devido aos levantes políticos que o cercavam. Concluiu a carta pedindo que Calvino orasse por ele e pela Escócia: "Aquele cuja causa defendemos virá em socorro dos seus eleitos. Guarda-nos em mente em tuas orações".[13]

Outra carta a Calvino, escrita por um nobre escocês, revela mais sobre o papel central de Knox na Reforma da Escócia, bem como o importante papel de outras pessoas que oravam por ele: "Nosso irmão Knox acaba de perder a esposa. Ele mesmo, de corpo fraco, porém, mente robusta, jamais recua na labuta. Sua chegada à Escócia foi muito oportuna... Oro para que ainda seja prolongado por muitos anos o seu decurso de vida, para que haja contínuo proveito para a sua nação e para a igreja".[14] Em 23 de abril de 1561, Calvino escreveu uma carta calorosa e consoladora a Knox, onde concluiu com uma oração abençoadora: "Que o Senhor esteja sempre a teu lado, que te governe, proteja e sustente pelo seu poder".[15]

Cristão humilde que era, Knox conhecia sua profunda necessidade de fortalecimento divino, portanto, ele orava como também buscava a oração de outros, algo que raramente os homens carnais fazem. Nós ocidentais, escolados pela autoconfiança, achamos difícil e ficamos sem jeito de pedir oração, considerando até que isso seja desnecessário. Pedir oração é uma tácita admissão que em nós mesmos não existe capacidade alguma, que somos desesperadamente carentes, que o braço de carne é fraco e ineficaz. Os homens não gostam de admitir tais realidades, mas a própria oração, e nossa consciência que carecemos que outros orem por nós, exige que admitamos os fatos. Knox era alguém que conhecia bem os fatos a seu respeito. Por seu cândido reconhecimento de sua grande necessidade, ele buscava o auxílio do Senhor do universo, e uma das maneiras que o fazia era pedindo a intercessão de crentes com ele. Pelo poder de Deus, Knox tornou-se a mais significativa força a ser considerada em todo o seu país.

Não foram apenas os amigos e apoiadores que apreciavam o amplo efeito de seu ministério de oração. Conforme o historiador John Howie, a arqui-inimiga de Knox, a rainha regente Mary Guise, admitiu que "tinha mais medo das orações de Knox do que de um exército de dez mil homens".[16] Se todo cristão orasse como Knox, o diabo e seus subordinados derreteriam como cera diante do fogo.

Um Dom para os Santos Modestos

Em um de seus tratados sobre oração, entregue aos soldados da guarnição de Berwick,[17] Knox disse: "A oração é uma conversa sincera e familiar com Deus".[18] Essa é uma definição sucinta que torna a oração acessível a todos. Knox sabia que não existe elitismo na oração. Não é necessário um grau de PhD na Europa para ser poderoso em oração. O mais humilde santo pode tornar-se invencível na oração. Knox instava carinhosamente com pecadores que orassem, e isso com confiante expectação de que Deus deseja responder e tem o poder para ouvir e atender:

> Onde existe constante oração, ali o pedido é concedido. Nenhum homem deve pensar-se indigno de chamar e orar a Deus por ter, no passado, ofendido gravemente a sua Majestade. Deverá vir a Deus com coração contrito e arrependido, dizendo com Davi: "Sara a minha alma, porque pequei contra ti" (Salmo 41.4). Antes de ser afligido, eu havia transgredido, mas agora, deixa que eu observe os teus mandamentos. Para mitigar ou amainar o sofrimento de nossa consciência ferida, o nosso mui prudente Médico providenciou dois emplastros para que sejamos encorajados à oração (não obstante seu conhecimento das ofensas cometidas), ou seja, um preceito e uma promessa. O preceito ou mandamento de orar é universal, inculcado e frequentemente repetido nas Escrituras: "Pedi e dar-se-vos-á; buscai e achareis; batei e abrir-se-vos-á"(Mt 7.7); "Invoca-me no dia da angústia; eu te livrarei, e tu me glorificarás" (Sl 50.15); "Vigiai e orai, para que não entreis em tentação" (Mt 26.41); "Orai sem cessar" (1Ts 5.17); "Antes de tudo, pois, exorto que se use a prática de súplicas, orações, intercessões, ações de graças, em favor de todos

os homens, em favor dos reis e de todos os que se acham investidos de autoridade, para que vivamos vida tranqüila e mansa, com toda piedade e respeito. Quero, portanto, que os varões orem em todo lugar, levantando mãos santas, sem ira e sem animosidade" (1Tm 2.1-2,8). Qualquer que condena ou despreza tais mandamentos peca do mesmo modo que aquele que rouba, pois o mandamento "Não furtarás"(Ex 20.15) é um preceito *negativo*, assim como o mandamento: "Orarás" é um mandamento *afirmativo*. Deus requer igual obediência de todos, a todos os seus mandamentos. Digo ainda com maior ousadia: Aquele que, quando a necessidade constrange, não deseja o apoio e a ajuda de Deus, provoca a sua ira não menos que aqueles que fazem falsos deuses ou o negam abertamente. [19]

Para Knox, orar sem cessar não era uma atividade opcional reservada apenas para os santos poderosos. Nem todos são chamados para pregar ou pastorear, mas todo cristão é conclamado a orar. É a ordem de Deus, e o grande instrumento de comunicação com ele e canal de onde ele derrama suas bênçãos sobre os homens e sobre as nações.

Problemas como Estímulos à Oração

Então, Knox orava. Atacado por todos os lados por inimigos que queriam silenciá-lo ou, pior, tirar sua vida, Knox entendia que os grandes problemas muitas vezes agem como provocadores que nos levam a abdicar de nosso próprio poder para voltarmos, em fé, para o poder de Deus:

Problemas e dificuldades são as esporas à oração, pois, quando o homem, cercado de todos os lados por veementes calamidades, aborrecido por solicitudes contínuas (não tendo, no ser humano, esperança de livramento, estando com o coração oprimido e magoado, temendo ainda maior castigo a seguir) clama das profundezas da tribulação, a Deus, pedindo consolo e sustento, tal oração ascende à presença de Deus e não voltará vazia.[20]

Já vimos que Knox muito raramente não tinha problemas. Quando no calor da batalha, quando expulso da Escócia, quando exilado e proibido de pregar as boas novas a seus amados compatriotas, Knox implorava a Deus que mais uma vez pudesse pregar "a religião celestial" aos carentes:

> Apressa o dia, Senhor! Conforme o teu bom prazer, que minha língua mais uma vez possa louvar teu santo nome diante da congregação, ainda que seja na hora da morte. Não obstante eu ter, no começo, parecido soldado covarde e vacilante, minha oração é que eu seja restaurado à luta. Bendito seja Deus, Pai de Nosso Senhor Jesus Cristo, que eu não estou deixado isento de consolo, porém, tenho esperança de alcançar tal misericórdia, para que, se eu não tiver um breve fim em todos os meus sofrimentos, por morte final, o que será grande vantagem, contudo por ele, que não despreza o pranto dos muito aflitos, eu serei encorajado a lutar, que Inglaterra e Escócia saibam, ambos, que estou pronto a sofrer bem mais do que pobreza ou exílio, por possuir essa doutrina e religião celestial, pela qual agradou sua misericordiosa providência tornar-me, entre outros, simples soldado e portador do testemunho diante dos homens.[21]

Exatamente porque Knox via a si mesmo como "fraco soldado"

ele orava, e porque caía de joelhos "grandemente afligidos" e chorava seus temores e pedidos diante do Todo-Poderoso, ele foi capaz de ensinar mais efetivamente aos carentes e fracos de sua congregação a fazer o mesmo.

Fazendo Orações Imprecatórias:

Quanto aos poderosos do reino que se opunham ao evangelho e perseguiam a igreja, Knox, "simples soldado", podia erguer-se como Elias e orar em outro tom:

> Reprima o orgulho destes tiranos sedentos de sangue; consuma-os em tua ira conforme a repreensão que fizeram contra teu santo nome. Derrama sobre eles a tua vingança, e que nossos olhos contemplem o sangue de teus santos ser requerido das mãos deles. Não demores em tua vingança, ó Senhor! Que os devore velozmente a morte; que a terra os engula; desçam eles para os infernos.[22]

Muitas vezes, Knox é criticado como sendo implacável e sem amor justamente por esse tipo de oração. Mas quando abrimos o livro de Salmos, lemos: "A morte os assalte, e vivos desçam à cova! Porque há maldade nas suas moradas e no seu íntimo" (Sl 55.15) e "Feliz aquele que pegar teus filhos e esmagá-los contra a pedra" (Sl 137.9). Tais orações imprecatórias não são raras quando homens justos clamam a um Deus justo e santo que vingue o seu nome e derrame sua ira sobre os seus inimigos.

Tais orações não aparecem somente nos Salmos e livros proféticos. Paulo emprega linguagem semelhante quando se refere àqueles que distorcem o evangelho e voltam para o legalismo: "Mas, ainda que nós ou mesmo um anjo vindo do céu vos pregue evangelho que vá além do que vos temos pregado, seja anátema. Assim, como já dissemos, e agora repito, se alguém vos prega evangelho que vá além daquele que recebestes, seja anátema" (Gl 1.8,9). Mais adiante, ele emprega linguagem imprecatória de forma ainda mais gráfica: "Tomara até se mutilassem os que vos incitam à rebeldia" (Gl 5.12).

Nada disso se parece com a fala briguenta e odiosa que precede uma luta profissional e pessoal. Os salmistas e Paulo referem-se aos inimigos de Cristo, àqueles que se opõem contra a pessoa e o povo de Deus. É uma justa indignação contra os que estão decididos a destruir Deus e seu Reino. Tais imprecações, longe de ser chamadas à vingança pessoal por ferimentos pessoais, são prenúncios acurados do que Deus, o Justo Juiz, fará a seus inimigos no Dia do Juízo.

Lembre-se de que Knox (como Davi e Paulo) vivia em uma zona de guerra espiritual, aonde os inimigos de Cristo e de seu evangelho espreitavam por todo lado buscando fazer uma emboscada. Lembre-se das torturas desenvolvidas por tiranos como o Cardeal Beaton e Maria a Sanguinária. Lembre-se da ordem do arcebispo de Saint Andrews que atirassem imediatamente em Knox caso ele pregasse a Cristo, bem como as tentativas de assassinato contra ele. Lembre dos amigos de Knox que, por sua lealdade ao Rei Jesus, foram queimados vivos em Oxford. A vindicação do nome e da causa de Deus era para Knox mais importante que qualquer outra coisa, e assim, ele se postou em oposição a todos quantos ostentavam seu poder e prerrogativas terrenas contra o Senhor.

Knox sabia que mesmo em seus dias ele era considerado como um raio de trovão, severo e nada caridoso. Escreveu ele:

> Não ignoro que muitos tenham culpado e continuam condenando o meu exagerado rigor e severidade; porém, Deus sabe que em meu coração jamais odiei as pessoas contra as quais trovejei os juízos de Deus. Odiei apenas os pecados dessas, labutando com todas as minhas forças para ganhá-las para Cristo.[23]

Achamos que o fato de não gostarmos de orações e declarações imprecatórias na Bíblia são um avanço que demonstra sermos pessoas mais amáveis do que homens como Knox. Questiono isso. Talvez seja indicativo maior que tenhamos capitulado a uma era de tolerância que não acredita mais na realidade do ranger os dentes do juízo final de Deus.

Um Legado de Oração:

O legado de oração de Knox estendeu-se a muitas gerações seguintes na Escócia. Sua filha caçula, Elizabeth, casou-se com John Welch, um homem que, como Knox, tornou-se famoso por sua pregação e oração.[24] O lar dos Welch estava repleto de "conversações sinceras e familiares com Deus" que era sempre audível e muitas vezes barulhenta. Welch levantava-se no meio da noite para orar, e Elizabeth, temendo que ele se resfriasse, levantava e, para o aquecer, cobria-o com uma manta xadrez enquanto ele orava.[25]

Welch acabou sendo acusado de alta traição por ter declarado que Cristo, e não James I, era o cabeça da Igreja. Foi preso em Londres. Conta a história que a filha de Knox viajou da Escócia para a Inglaterra e de alguma forma conseguiu uma audiência em favor de seu marido com o rei James. James perguntou-lhe quem era seu pai, ao que ela respondeu:

– Sr. Knox.

– Knox e Welch! – exclamou o rei. – O diabo jamais teve parelha maior que essa! – e continuou, perguntando quantos filhos seus pais tiveram e se eram rapazes ou donzelas.

– Três donzelas, respondeu. (Knox tinha dois filhos homens pela primeira esposa).

– Deus seja louvado! – exclamou, levantando as mãos em alegria. – Pois se fossem rapazes, eu não teria paz em meus três reinos!

O rei disse-lhe então que, se ela persuadisse seu marido a

submeter-se à sua autoridade acima da igreja, libertaria a Welch. Certamente Elizabeth aprendera de seu pai a firmar-se. Levantou o avental na direção do rei, e disse-lhe:

–Vossa Majestade, por favor. Prefiro receber a cabeça dele aqui.[26]

O seu marido gastava tanto tempo ajoelhado em oração sobre o chão gelado das prisões que em seus últimos anos perdera toda a sensibilidade nos joelhos. O seu neto, chamado John Welch, o aliancista, bisneto de John Knox, foi encontrado, depois da morte, com calos nos joelhos, tão duros quanto chifre de boi.

Um Homem com Deus:

É bastante apropriado que, para um homem de oração como Knox, tenham escrito em pedra: "Um homem com Deus está sempre em maioria". Contudo, a graça de Deus na oração não é um jogo de resultado zero; jamais será esgotada por uso exagerado; jamais será colheita sobre-excedente. Desse modo, pelas gloriosas riquezas do evangelho, podemos nos ligar a pessoas como Knox e ser, todos nós, "um homem com Deus". Também, como Knox, apesar da medida de nossa fraqueza, todos os filhos de Deus, na oração têm o atento ouvir do Pai Celeste, e o poder não mitigado do seu braço pronto a nos livrar em tempo de necessidade. Comparado a isso, a nossa autoconfiança parece insignificante.

O homem singular, que se comunica com Deus na oração, está melhor preparado para subir ao púlpito e pregar ao povo de Deus com a voz de Deus.

CAPÍTULO 4

Poder no Púlpito

A pessoa que fala é desprezível, miserável e em nada estimável, mas as palavras que foram ditas são verdades eternas e infalíveis de Deus.[1]

— John Knox

"A pregação era quase desconhecida"[2] na Escócia em que nasceu John Knox. Um crítico católico romano de Knox e dos "pregadores pestilentos" da Reforma foi forçado a admitir que a maioria do clero romano consistia de "homens ignorantes e inúteis" que "devoravam os seus proventos no luxo e negligenciavam o seu dever". Concluiu que o asno de Balaão podia pregar melhor que tais homens.[3] Uma balada popular cantada por camponeses ilustra o problema: "O bispo cego não podia pregar, pois estava com as mulheres a brincar".[4]

Knox tinha uma alta visão do ofício do pregador, mas

não de si mesmo como pregador.[5] Escreveu: "*A pessoa que fala é desprezível, miserável e em nada estimável, mas as palavras que foram ditas são verdades eternas e infalíveis de Deus.*"[6] Em uma era de acadêmicos profissionais e celebridades como pregadores, essas palavras soam estranhas, mas Knox não parece estar fazendo pose. Tinha visão bem baixa de sua própria pregação: "Aprouve a Deus, em sua superabundante graça, tornar-me, o mais miserável de entre milhares desprezíveis, uma testemunha, um ministro e pregador".[7] Analisando o estilo de Knox como comunicador, C. S. Lewis discorda: "Ele se achava pregador tímido, temporizador, culpado de ser demasiadamente manso... Somos tentados a dizer que não houve autoignorância semelhantemente documentada até o momento que Samuel Johnson pronunciou-se 'homem muito polido'".[8]

Hoje provavelmente tentaríamos melhorar a autoestima de Knox, aconselhando-o a encontrar o pregador dentro de si. Knox, porém, não se sentia perturbado pela franca percepção de si como pregador inábil. Acreditava que o poder da pregação não vem de inerente dotação, estudada eloquência, ou estudo acadêmico (Knox nunca completou seus estudos universitários). Estava convencido que vinha da unção divina. Assim, Knox orava pedindo que Deus, e não ele, falasse. Escreveu: "Ó Senhor Eterno, mova e governe a minha língua a falar a verdade."[9] Entendendo que era um homem fraco, Knox sabia que se Deus não o fortalecesse e falasse, pelo Espírito Santo, através dele, seria apenas uma "sombra vã"[10] como pregador.

Confiante no poder de Deus, Knox delineou as metas de sua pregação: "O fim proposto em toda pregação é que eu instrua os ignorantes, confirme os fracos, conforte a consciência daqueles que foram humilhados pela percepção de seus pecados, e caia sobre os rebeldes e altivos, com o juízo ameaçador de Deus". Concluiu que "labutava com toda sua força para ganhá-los para Cristo".[11]

O Ministério da Pregação de Knox

Foi com relutância que Knox começou o seu ministério de pregador, quando recrutado à força para ser capelão no castelo de Saint Andrews. Por aclamação popular, as aulas de tutoria particular desenvolvidas para seus alunos (ele os chamava de "bairns" – filhotes,) se desenvolveram em exortações públicas procedentes da Palavra de Deus. Em sua carne, ele era tímido, um homem temeroso. Dizia ele: "Tremo, temo e estremeço".[12] Mas quando abria a boca para pregar, toda sua timidez desaparecia. No ano anterior à morte de Knox, um aluno seu em Saint Andrews, James Melville, descreveu o que acontecia quando o frágil velhinho começava a pregar: "Knox foi levantado até o púlpito onde convinha que ele se encostasse na primeira entrada, mas quando terminou seu sermão, estava tão animado e vigoroso que estava disposto a desmanchar em pedaços o púlpito e sair voando"! Melville admitiu que a pregação de Knox o fazia "tremer tanto que não conseguia segurar a pena para escrever".[13]

Knox bem sabia que muitos se ofendiam com a sua pregação e atribuíam sua força ao ódio contra os inimigos e não ao zelo pelo evangelho. Em um de seus sermões diante de Mary, rainha da Escócia, Knox ofereceu uma explicação: "Sem o lugar de pregação, sinto que poucos teriam ocasião para se ofender comigo; porém ali eu não sou meu próprio mestre; tenho de obedecer àquele que ordena que eu fale francamente e não adule carne alguma sobre a face da terra".[14] Há, no entanto, certo sentido na afirmação que a pregação de Knox tivesse sido motivada pelo ódio. Como disse Iain Murray: "Ele odiava com paixão aquilo que destrói as almas. Odiava o sistema que cegava as pessoas à necessidade de fé e salvação no sangue do Senhor Jesus Cristo".[15]

Homem ardente, quando pregava Knox pegava fogo, nunca pensando em alterar a mensagem ou o tom das palavras quando diante de ricos e poderosos do reinado:

São ásperas as minhas palavras, mas considerem, meus senhores, que são elas as ameaças do Onipotente... a espada da ira do Senhor está desembainhada, e terá necessariamente de atacar quando a graça oferecida for obstinadamente recusada. Vós tendes estado, há muito, presos ao Diabo, cegos, sendo que a idolatria e o erro prevalecem contra a simples verdade de Deus em vosso reinado, onde Deus vos constituiu príncipes e regentes. Mas agora, em sua misericórdia, Deus conclama-vos ao arrependimento, antes que derrame sobre vós toda a sua vingança.[16]

Como ovelhas que ouvem a voz de seu pastor, pessoas de todos os lados vinham para ouvir sua mensagem. Depois que foi solto das galés francesas, Knox foi chamado para pregar todos os dias, "se essa vil carcaça me permitir".[17] Não era pequena façanha para um homem cuja saúde fora quase totalmente destruída. "A dor em minha cabeça e estômago muito me perturbam. Dia a dia vejo meu corpo se decompondo. A não ser que essa dor passe, eu estarei totalmente inútil. O teu mensageiro encontrou-me acamado, depois de uma noite de sofrimento e muita dor".[18] Nessas condições, como ministro em Saint Giles, ele pregava seus sermões que duravam até três horas cada um, três ou quatro vezes por semana.[19]

Não havia em seus sermões nada superficial nem terapêutico. Nada havia de manipulador que evocasse resposta apenas emotiva. Knox conhecia a condição de seus ouvintes, pois conhecia a condição do seu coração: "Pois somos tão mortos, cegos e perversos que não conseguimos sentir quando somos espicaçados nem ver a luz quando ela brilha, nem concordar com a vontade de Deus quando ela nos é revelada."[20] Sendo assim, Knox não tinha necessidade de nenhum truque para chamar a atenção de seus ouvintes. Para que respondessem ao evangelho pela fé, seus ouvintes necessitavam apenas do poder transformador da soberana graça de Deus. E, como o Espírito de Deus escolheu a pregação como meio para a conversão dos pecadores, Knox pregava.

Cristo no Centro da Pregação

O ministério de púlpito de Knox é melhor resumido pelas palavras do próprio Knox: "Distribuí o pão da vida conforme o recebi de Cristo Jesus."[21] Quer expondo o evangelho de Cristo quer encorajando os perseguidos quer vituperando a idolatria, o alvo de sua exortação era que não houvesse rival para Cristo no coração de seus ouvintes. Era uma paixão que impelia Knox para adiante: "Sinto gemer e chorar, querendo que Cristo Jesus seja abertamente pregado em minha terra natal, ainda que isso seja para a perda de minha própria desditosa vida".[22]

Portanto, Cristo era o centro da mensagem de Knox, e a Bíblia a fonte única dessa mensagem. Ele rejeitava a dita autoridade do papa sobre o cânone e a interpretação da Escritura, defendendo que o testemunho interno do Espírito de Deus é que convence os crentes de que a Bíblia é a Palavra de Deus. Sendo assim, ele empregava o método *lectio continua* de exposição do texto bíblico, frase por frase, encontrando clareza por "apelar de uma passagem difícil para uma mais simples e clara da própria Escritura".[23]

Knox não apenas ia diretamente para a Bíblia a procura de texto para seus sermões: sabendo que sem ela era extremamente fraco, ele se alimentava diariamente da "forte carne que nutre o homem varonil".[24] Usando a Bíblia de Genebra, a qual ajudara a traduzir e comentar, lia todo dia no Antigo e no Novo Testamento, bem como dos Salmos, lendo o livro de Salmos todo mensalmente. Além disso, sabendo a importância de pregar a um rebanho que conhecesse a Bíblia, instava com sua congregação para estar diariamente na Palavra de Deus:

Caros irmãos, se quiserdes a vida eterna, é necessário que vos exerciteis no livro do Senhor vosso Deus. Não deixai passar um só dia sem receber algum consolo de sua boca. Abri vossos ouvidos, e ele vos dirá coisas agradáveis ao coração. Permiti que vossos pequeninos aprendam a louvar a graciosa bondade do Deus, cuja misericórdia vos chamou das trevas para a luz e da morte para a vida.[25]

Quando Knox subia ao púlpito para pregar, começava com cerca de meia hora de calma exposição do texto à sua frente. Em seguida, tornava-se mais vigoroso. Embora ele seja mais conhecido por sua pregação – especialmente pregações de trovão – apenas o texto de dois sermões inteiros permaneceu no decorrer dos séculos. Os estudiosos encontram trechos e pedaços em seus escritos e cartas, bem como resumos em seu relato histórico sobre a Reforma. Como João Calvino, Knox pregava sem usar notas ou manuscrito. Sua razão? "Sempre me abstive de colocar por escrito qualquer coisa, contente por obedecer à exortação Daquele que me ordenou a clamar".[26]

Embora sejam poucos os manuscritos dos sermões de Knox, é evidente o tema recorrente do triunfo final de Cristo Jesus e do evangelho na Escócia. Ele sabia que isso não aconteceria por sua força ou por número superior de crentes vencendo os inimigos do evangelho. Ele escreveu perguntando: "Qual era a nossa força? Qual era o nosso número?"[27] A vitória viria pela força de Cristo. Somente Cristo venceria no final, e o evangelho da graça reinaria na Escócia. Isso não era apenas uma idéia ilusória de algum revolucionário social. Knox bem sabia que a vitória final contra a tentação e contra o pecado aconteceria apenas por meio do poder transformador do evangelho na vida individual dos filhos de Deus.

Em um dos dois sermões que sobreviveram, Knox pregava sobre o texto de Mateus 4.1: "A seguir, foi Jesus levado pelo Espírito ao deserto, para ser tentado pelo Diabo." Declarou ele:

Aqueles que são tentados não devem julgar que sejam menos aceitáveis na presença de Deus. Pelo contrário, tendo Cristo Jesus preparado o caminho da vitória, não deverão temer sem medida os astutos ataques daquela sutil serpente que é Satanás. Porém, com alegria e ousada coragem, tendo como guia o que foi campeão, e possuindo as armas que aqui se encontram, podemos assegurar-nos do presente favor de Deus, bem como de nossa vitória final, por meio de Jesus, mediante o qual para nossa segurança e libertação, entrou na batalha e triunfou sobre seu adversário.[28]

Aqui Knox lutava por dar a seu rebanho confiança na sua santificação. Não há nenhum indício de ser a santificação uma condição para a justificação; ele não apontava o rebanho com medo para a obediência à lei. Mostrava-lhes seu campeão, Jesus Cristo, e conclamava-os a "alegria e ousada confiança" porque cristo, o que por eles venceu, já triunfara sobre Satanás, o pecado e a morte. Há ecos de Calvino na pregação de Knox: "Cristo contém a justificação e a santificação juntas e inseparáveis nele... concede ambos ao mesmo tempo, e nunca um sem o outro... Ao compartilharmos em Cristo, o que nos justifica, a santificação é incluída tanto quanto a justificação".[29] Tão frequente quanto pregava sobre as ordens imperativas da Bíblia, Knox ensinava com fidelidade que a santificação, obra da gratuita graça de Deus, é tão certa quanto a justificação, pois ela flui da obra completa de Cristo no evangelho.

Knox resumia a sua hermenêutica cristológica, o grande objetivo de toda a sua pregação, desta forma: "Sempre louvo a Deus que Cristo Jesus seja pregado".[30] Ouvem-se ecos da cristologia de Knox em alguns pregadores escoceses dos dias atuais. Enquanto eu fazia pesquisas para escrever este livro, tive o privilégio de ouvir o pastor Ian Hamilton, de procedência escocesa, pregar sobre o Salmo 88 em Cambridge, Inglaterra. Aquecendo-se no texto, Hamilton fez uma declaração que resume a visão que Knox tinha da Escritura e da pregação: "Cristo está em cada verbo, em cada substantivo, em cada advérbio, em cada adjetivo, em cada particípio – Cristo está em cada artifício sintático em toda a Escritura.[31] Contudo, a pregação centrada em Cristo não deverá ser vista como apenas uma curiosa característica étnica, Knox e Hamilton estão em boa companhia. O judeu Paulo (que nunca ouvira falar de bolos de aveia ou *haggis*) escreveu que se dirigiu aos gregos pagãos decidindo "nada saber entre vós, senão a Jesus Cristo e este crucificado. E foi em fraqueza, temor e grande tremor que eu estive entre vós. A minha palavra e a minha pregação não consistiram em linguagem persuasiva de sabedoria, mas em demonstração do Espírito e de poder." (1Co 2.2-3)

Clareza quanto à Lei no Evangelho

Os cristão que ficam confusos quanto aos que pregam que podemos obter ou perder a justificação por nossa obediência ou desobediência à lei encontrarão no ensino de Knox animadora clareza sobre a fé e as boas obras "sobre as quais os homens tão pronta e fatalmente se desviam".[32] Patrick Hamilton, o primeiro mártir da Reforma escocesa, estabeleceu nisso um firme fundamento para John Knox. Patrick Hamilton aprendeu de Martinho Lutero a maior das descobertas: que homens e mulheres não ganham por méritos nem mantêm a salvação pelas obras da lei. Em sua imaginação, Hamilton colocou os adversários, lei e evangelho, em um ringue, lutando um contra o outro:

> Diz a lei:
> – Aonde está a tua justiça, tua bondade, tua satisfação?
> O Evangelho diz:
> – Cristo é a tua justiça, tua bondade e tua satisfação.
> A lei afirma:

– Tu estás preso e deves obrigação a mim, ao diabo e ao inferno.
O Evangelho diz:
– Cristo te libertou de todos eles.[33]

Knox partilhava com Hamilton o entendimento da justiça que nos foi imputada e da liberdade no evangelho em Cristo. No seguinte trecho extraído de um sermão seu, ele expõe o papel da lei como professor ou tutor que conduz os pecadores a Cristo:

> Pois pela lei veio o conhecimento do pecado... especialmente o pecado da idolatria. Pela lei, essa vontade de Deus revela que nenhum homem poderá se justificar do pecado dando a desculpa de ignorância. Sendo assim, a lei –embora não pudesse renovar e purificar o coração, pois o Espírito de Cristo opera tão somente pela fé –, foi um mestre que nos conduziu a Cristo. Pois quando o homem não encontra poder em si mesmo para fazer aquilo que é ordenado, e entende perfeitamente, e crê que a condenação de Deus está sobre todo aquele que não permanece em tudo que a lei de Deus ordena, digo que o homem que entende e conhece sua própria natureza corrupta bem como o juízo severo de Deus, receberá com muita felicidade a redenção gratuita oferecida por Cristo Jesus, a única vitória que vence a Satanás e ao seu poder.[34]

Knox e seus colaboradores deixaram claro que as boas obras são sempre frutos e não a raiz da justificação. Na Confissão Escocesa definiram ainda a fonte e o poder das boas obras:

> Confessamos que a causa das boas obras não é nosso livre arbítrio, mas o Espírito do Senhor Jesus, que habita

em nosso coração pela fé verdadeira, produzindo tais boas obras que Deus preparou para que andássemos nelas... Tão logo o Espírito do Senhor Jesus, a quem os filhos eleitos de Deus recebem pela verdadeira fé, toma posse do coração de qualquer homem, assim ele imediatamente o regenera e renova, fazendo com que comece a odiar aquilo que antes amava, e amar aquilo que antes desprezava.[35]

Reconhecendo que, deste lado do céu, sempre e continuamente haverá guerra entre carne e espírito, Knox baseava a santificação, não no poder do homem, mas na obra regeneradora contínua do Espírito de Cristo na vida dos crentes, preservando-os no poder de Jesus Cristo:

> Mas o Espírito de Deus, que testifica com nosso espírito que somos filhos de Deus, faz que resistamos os prazeres imundos e gemamos na presença de Deus por livramento dessa escravidão de corrupção, e finalmente triunfemos sobre o pecado para que esse não reine em nossos corpos mortais... Mas os filhos de Deus lutam contra o pecado, choram e lamentam quando se acham tentados a fazer o mal, e se caem, levantam-se com arrependimento sincero e sem fingimento. Isto eles fazem, não por seu próprio poder, mas pelo poder do Senhor Jesus Cristo, sem o qual nada poderão fazer.[36]

Knox afirmava prontamente que devemos obediência absoluta à lei, mas podemos imaginar o quanto foi libertador a sua mensagem de resgate do pecado e da maldição da lei mediante a obediência vicária de Cristo, e como deve ter emocionado a Escócia, há tanto tempo presa sob o peso da lei por um evangelho distorcido. Knox ensinava que a "sinagoga de Satanás", como chamava a igreja católica romana, havia reconstruído um reino de lei e que a reforma estava restaurando o Reino da Graça. O pecador deve à lei aquilo que não pode pagar, e assim, Knox pregava: "Jamais poderemos cumprir perfeitamente as obras da lei... é, portanto, imprescindível que apreendamos a Cristo Jesus, em sua justiça e expiação, pois ele é o fim e a consumação da lei, e porque por meio dele é que somos libertos."[37]

Pregação contra a Idolatria

Em seu primeiro sermão público, Knox pregou do livro de Daniel: "depois deles, se levantará outro... Proferirá palavras contra o Altíssimo, magoará os santos do Altíssimo" (7.24b e 25a). Foi um sermão que introduziu os dois objetivos que marcariam sua pregação durante toda a sua vida: criticaria os tiranos – quer políticos quer eclesiásticos – que se colocavam contra o Deus Altíssimo, e chamaria, com carinho, os pecadores ao arrependimento e à fé em Cristo.

Knox iniciou sua exposição mostrando "o grande amor de Deus por sua igreja, a quem agradou avisar de antemão dos perigos que viriam". Passou então a fazer o que quase todos os reformadores faziam: igualar a igreja católica romana à besta[38] e o papa ao Anticristo. Em seguida, procurou provar, através das Escrituras, a doutrina da justificação, que "o homem é justificado unicamente pela fé e que o sangue de Jesus Cristo nos purifica de todo pecado". Desse fundamento, contrastou com "a doutrina dos papistas, que atribui a justificação às obras da lei", citando o apóstolo Paulo, que chamava tais ensinos de "doutrina do diabo".[39] A partir dali, propôs "atacar pela raiz, derrubando o todo", expondo a idolatria do fator central do cristianismo medieval, a transubstanciação da Missa.[40] Para Knox, a missa católica fazia ídolo do pão e vinho, crucificando novamente o Filho de Deus e estabelecendo um deus rival a Jesus. Knox acreditava piamente que qualquer idolatria era anátema.

Foi por esta razão que Knox travou uma batalha com Thomas

Cranmer sobre a prática inglesa de receber de joelhos o pão e vinho da santa ceia. Knox era veemente em dizer que quem ficasse ajoelhado acabaria inevitavelmente venerando os elementos, o que, para Knox, levava de volta à idolatria da missa romana. Assim, houve a inclusão da "rubrica negra" no *Livro de Oração Comum*, avisando aos congregantes que não pensassem que estariam adorando os elementos. Como um profeta da antiguidade, Knox conclamava seus ouvintes a arrancar e destruir todas essas práticas idólatras, primeiramente no coração, e em seguida, nas suas ruas.

Muitas vezes Knox é criticado por promover violência em seus ouvintes por ter pregado um sermão "veemente contra a idolatria"[41] em onze de maio de 1559, na cidade de Perth. Quando ele conclui seu sermão, um ouvinte entusiasmado jogou uma pedra contra a imagem de um santo. Rompeu-se a represa, e uma "multidão marota"[42] deu vazão ao ultraje contra seus opressores, os inflados padres e as superstições falsas que cercavam tudo a seu redor. Começara o iconoclasmo. Estátuas de Maria e dos santos foram derrubados de seus nichos e esmiuçados em entulho. Por esta razão, a rainha Mary declarou Knox um traidor contra o reino e preparou seu exército para retaliar.

Um sermão desse tipo e uma reação dessa espécie ofendem a sensibilidade moderna. Temos, porém, de entender a Knox dentro de seu contexto histórico. Perth foi a cidade onde o Cardeal Beaton enforcou quatro homens por não guardarem o jejum da quaresma, e executou uma jovem mãe por afogamento quando ela orou em nome de Jesus em vez de em nome de Maria na hora do parto. Não é de se admirar que tenha vindo violência após o sermão de Knox, que vituperava os clérigos corruptos e sua aviltante idolatria.

Um lorde escocês comentou a pregação de Knox da seguinte maneira: "Asseguro-vos que a voz de um único homem em uma hora é capaz de colocar em nós mais vida do que quinhentas trombetas trovejando estrondosamente em nossos ouvidos".[43] Knox ralhava com força implacável contra "bispos bastardos" de "barrigas preguiçosas" e "tiranos sanguinários" que se alimentavam do corpo e da alma dos pobres.[44] Quando tirado do contexto, Knox é descartado como "fanático" e em suas próprias palavras, "grande odiador". Na verdade ele se consumia de ódio da ultrajante corrupção do falso sistema religioso que prendia a Escócia na escravidão da superstição. Escreveu ele: "Aprendi a chamar a maldade, com ousadia e simplicidade, por seus próprios termos; um figo é um figo e uma pá, uma pá".[45] Mas era o amor e a dedicação à verdade do evangelho da graça somente pela fé, unicamente em Cristo e amor pelos pobres, pelos enganados e perdidos da Escócia, que alimentava o fortíssimo ódio que Knox exibia contra a idolatria. Antes de 29 de junho de 1559, o dia em que Knox subiu ao púlpito de Saint Giles,[46] havia nada menos que quarenta relicários dedicados à Virgem Maria e aos santos, abarrotados na catedral (*High Kirk*) de Edimburgo. Cercado de idolatria de todos os lados, Knox acreditava ter recebido incumbência divina de expulsar os vendedores de ídolos da casa de seu Pai celestial.[47] E assim o fez.

Knox sentia-se também comissionado por Deus a expulsar o erro e a falsidade do estado – um estado que mimava a falsa religião na igreja. Em linhas clássicas de Knox, pregadas diante da jovem Mary, rainha da Escócia, ele expôs seu raciocínio sobre a resistência à autoridade civil, ainda que pela força de armas, se a isso chegasse:

> Se os seus príncipes excederem os seus limites, Madame, sem dúvida poderão ser resistidos, ainda que pela força. Pois não existe mais grande honra, maior obediência, dada a reis e príncipes, do que a que Deus ordenou... É assim, Madame, o caso de príncipes que assassinam os filhos de Deus que lhes são súditos, Seu cego zelo nada mais é que um mui louco furor, e portanto, tomar a espada das mãos deles, amarrar essas mãos e conduzi-los à prisão até

que cheguem a um entendimento mais sóbrio não é desobediência contra príncipes, e sim, justa obediência, pois concorda com a vontade de Deus.[48]

Knox jamais defendeu a revolução política como fim em si mesmo, mas cria firmemente ter um chamado divino a cumprir: "Minha labuta é para que tanto príncipes quanto súditos obedeçam a Deus",[49] disse ele à rainha. O zelo que Knox tinha pelo evangelho o convencia que uma única missa celebrada era pior para as ovelhas iludidas da Escócia do que dar-lhes de beber um copo de veneno.[50]

Nós sorrimos e abanamos a cabeça: quem sabe Knox era exageradamente fanático. Dizemos: "Pense só quanto bem ele teria realizado, se tivesse sido mais relacional, mais como nós". Enquanto isso, quais os ídolos que permanecem de pé em nosso mundo hoje? Talvez eles permaneçam confortáveis em seus pedestais porque, ao contrário de Knox, muitos pastores hoje preferem entregar sermões sofisticados e palestras eruditas por um lado, e conversação não confrontante sobre a comunidade e a cultura, de outro. Zeloso por proclamar Cristo, somente Cristo, Knox fazia questão de chamar "um figo de figo e uma pá de pá" em sua pregação. Inflamada pelo zelo de Knox, a Escócia derrubou e esmagou os seus ídolos.

O Poder da Pregação

O ministério da pregação de Knox era um microcosmo dos mistérios da providência de Deus. Deus chamou um homem tímido que tremia nas botas com a ideia de pregar e saiu correndo da sala quando foi chamado a fazê-lo pela primeira vez. Quando uma pessoa acha que, por sua força, consegue fazer alguma coisa, tem a tendência de não clamar a Deus em oração para capacitá-lo. Acha que já está capacitado e não precisa depender da força do Senhor. Não foi assim com Knox. Como pregador, Knox, que jamais concluiu o seminário, sabia que se quisesse cumprir o seu chamado de pregar, teria desesperada necessidade do poder de Deus. Fisicamente fraco, ele não se importava consigo mesmo, mas encontrava o vigor que vem somente do Senhor.

Para Knox, a pregação consistia na proclamação do evangelho de Jesus Cristo, dando as boas novas a um mundo que por muito tempo havia ouvido apenas más notícias. Sim, de seu púlpito trovejava com veemência contra a idolatria, mas o fazia porque desejava que seus ouvintes vissem somente a Cristo em toda a Escritura. Pregava a graça gratuita do evangelho porque não queria que os homens dependessem das obras da lei para sua justificação, ato gratuito da graça de Deus, ou por sua santificação, obra da graça gratuita de Deus.

Contudo, o pregador Knox não deixou por escrito os seus sermões, e assim, ironicamente, temos poucos exemplos de seus sermões. Isso não quer dizer que Knox não tenha escrito nada. Assim como era poderoso no púlpito, Knox foi poderoso com sua pena.

CAPÍTULO 5

O Poder da Pena

Knox tinha grande poder de expressão; não era apenas bem-articulado, como era também um artista.[1]
— *Eustace Percy*

"Em vinte e quatro horas, não tenho nem quatro para o descanso natural", escreveu John Knox.[2] Ele não somente estava quase constantemente com o corpo doente, como também sofria de insônia. Além de pregar três vezes mais que a maioria dos pastores de hoje, Knox treinava pastores, reformou o culto e a liturgia, fazia documentos de petições a monarcas, instava com a nobreza, e dirigia a política pública no que ela afetava a igreja da Escócia. Além de tudo isso, Knox tinha de desviar-se de balas — literalmente — e estava sob constante ameaça de forças políticas que tinham pleno poder de acabar com a vida dele a seu bel prazer.

Com uma vida tão estressante quanto ele tinha, Knox era um homem com necessidade profunda de um tempo de descanso, mas nunca teve férias. Jamais lemos que ele tivesse levado Marjory e as crianças à praia. Cercado por todos os lados, Knox ia adiante, pelo poder de Deus.

O apóstolo Paulo, enfrentando um ministério semelhante de esgotar os ossos, escreveu:

> Temos, porém, este tesouro em vasos de barro, para que a excelência do poder seja de Deus e não de nós. Em tudo somos atribulados, porém não angustiados; perplexos, porém não desanimados; perseguidos, porém não desamparados; abatidos, porém não destruídos; levando sempre no corpo o morrer de Jesus, para que também a sua vida se manifeste em nosso corpo. (2Co 4.7-10)

Knox também foi afligido, perplexo, perseguido e abatido. No entanto, como Paulo, sabia que não estava abandonado. Compreendeu que na grande troca, Jesus tinha sido abandonado pelo Pai para que ele – como Paulo e todos os santos cansados e abatidos – jamais o fosse.

De alguma forma, entre as miríades de tarefas e multidão de aflições, Knox encontrava tempo para escrever bastante – tudo, desde cartas de encorajamento até tratados teológicos. Como em sua pregação, nos seus escritos Knox desejava que Jesus fosse manifesto, e de muitas maneiras, o Senhor encheu os seus escritos de grande poder.

A história pinta um retrato de Knox como maníaco que respirava fogo, e é raro que os maníacos sejam vistos sob uma luz de simpatia, quanto mais, como um autor de muitos dons. Knox achava que tivesse "certo desajeitamento em si mesmo"[3], mas parece que nunca tirou tempo do sua agenda ocupadíssima para preocupar-se em como se apresentaria pela palavra impressa. Quando a preocupação suprema de um homem é que a vida de Jesus se manifeste nele, ele não tem tempo de ficar com a bobagem de olhar o próprio umbigo. Os melhores historiadores, porém, usam linguagem superlativa para descrever a Knox como escritor e estilista. Um escreveu: "Knox tinha forte senso do pitoresco e ainda maior senso do que era ridículo. Possuía grande força de expressão; não era apenas bem-articulado, era um artista".[4]

A pedagogia da escrita, aceita universalmente, afirma que o simples é preferível ao ornamentado, o autêntico preferível ao elaborado. Muito antes da proliferação de livros sobre a arte e o estilo de escrever, Knox já era mestre na arte da comunicação escrita. Em carta ao Sir William Cecil, nobre vacilante que havia se conformado com a regência de Maria a Sanguinária, Knox escreveu que "Na causa do Evangelho de Cristo, tu deves ser encontrado simples, sincero, fervoroso e sem fingimento".[5] Knox praticava o que ele pregava – seus escritos demonstram paixão, ternura e clareza teológica.

Paixão: Primeiro Clarim e Fiel Admoestação

Em sua mais famosa – ou infame – obra, *The First Blast of the Trumpet Against the Monstruous Regiment of Women* (O primeiro clarim da trombeta contra o monstruoso regimento de mulheres), vemos exemplo da força persuasiva de Knox em seus escritos:

"Pois não pode a tirania dos príncipes nem a insensatez do povo, nem leis malévolas elaboradas contra Deus, nem mesmo a felicidade sobre a terra que poderá provir delas, tornar legítimo aquilo que Deus por sua palavra tenha condenado".[6] Aqui Knox estabelece uma cadência que oferece *momentum* irrevogável, impelindo o leitor para seu ponto: Deus é soberano sobre toda e qualquer autoridade.

Devido ao "O Primeiro Clarim...", muitos historiadores descartam a Knox como um misógino. Mas historiadores mais atentos percebem que esse "O Primeiro Clarim..." "não era escrito com fraseado mais severo do que era o estilo de sua época" e que o argumento de Knox que o domínio das mulheres sobre os homens fosse "monstruoso" (ou seja, não natural), era universalmente visto como comum naquela época".[7] Como João Calvino ressaltou em carta a Knox, o governo por mulheres era "desvio da ordem original e própria da natureza, a ser classificado, não menos que a escravatura, entre os castigos consequentes da Queda do homem".[8]

Podemos entender melhor "O Primeiro Clarim..." se considerarmos que Knox vivia em um momento histórico onde diversas mulheres reinavam na Europa: Mary Guise, a regente da Escócia que manejava canhões; Mary, Rainha da Escócia, assassina brutal que matou o próprio marido; Catarina de Médici, que arquitetou o massacre de São Bartolomeu, tirando a vida de vinte mil Huguenotes na França, e a própria *Bloody Mary*. Assim, Knox escreveu:

> Não é de maravilhar que entre tantas mentes prenhes, tantos pregadores piedosos e zelosos quanto a Inglaterra nutriu, e entre tantos homens instruídos de grave juízo que hoje estão exilados pela Jezabel, nenhum seja encontrado de forte coragem e fidelidade a Deus... que ouse admoestar os habitantes desta Ilha, quão abominável diante de Deus é o império e reinado de uma mulher ímpia, sim, traidora e bastarda... Ouvimos dizer de nossos irmãos, membros do corpo de Cristo Jesus, mais cruelmente derramados, e o monstruoso império de uma

mulher cruel... sabemos ser esta única ocasião de todas essas misérias.⁹

Knox teve de conviver com seu *Primeiro Clarim*. Foi escrito com intenção de atacar a Mary Tudor, a "cruel perseguidora"¹⁰ e assassina de muitos dos amigos e correligionários da Reforma de Knox. Porém, chegou a público em 1558, depois da morte de Maria a Sanguinária, pouco depois de Elizabeth I ter subido ao trono. Por mais que Elizabeth estivesse contra Mary Tudor na política e na religião, tinha em comum com ela um fato: era mulher. Imagine a afronta que Elizabeth sentiu como rainha da Inglaterra quando surgiu *O Primeiro Clarim*. Knox ficou penosamente cônscio disso. Em carta a Sra. Anna Locke, escreveu em 6 de abril de 1559: "O meu *Primeiro Clarim* tocou para longe todos os meus amigos da Inglaterra".¹¹ O mal que foi feito nunca foi completamente reparado, ainda que os interesses políticos de Elizabeth e os interesses eclesiásticos de Knox estranhamente se sobrepusessem; Elizabeth não tinha o mínimo desejo de ver o catolicismo francês ganhar força no norte de seu império. Com perspicácia, Knox mudou seu apelo para os interesses políticos da soberana.

Quando Mary Tudor casou com Filipe II, rei da Espanha, fundindo um laço indissolúvel com a Espanha católica, Knox escreveu *A Faithful Admonition to the Professors of God's Truth in England* (Uma fiel Admoestação aos que Professam a Verdade de Deus na Inglaterra). O mal que Knox previa nessa aliança o inflamou de zelo. Do seu ponto de vista, todos no reino sofreriam devido à loucura de Maria. Escreveu ele:

> [Por esse casamento, não tem Mary demonstrado] ser abertamente traidora da coroa imperial da Inglaterra... trazendo para dentro um estrangeiro e tornando rei um orgulhoso espanhol, para vergonha, desonra e destruição

da nobreza, tirando deles e dos seus as suas honras, terras, posses e ofícios principais e promoções, para o declínio dos tesouros, comodidades, marinha, e fortificações do reino; para o abatimento dos guardas pessoais do rei, para a escravidão do povo comum, para a derrota do cristianismo e da verdadeira religião de Deus; e finalmente, para a completa subversão de todos os bens públicos e da Comunidade da Inglaterra?... Que Deus, em sua grande misericórdia, desperte algum Finéias, Elias ou Jeú, para que o sangue de abomináveis idólatras pacifique a ira de Deus a fim de que ela não consuma toda a multidão.[12]

Em outro trecho da *Admoestação* Knox referiu-se novamente a Mary Tudor como "Jezabel" e por isso foi acusado de alta traição. Não há discordância que "as antipatias de Knox são escritas de modo bem grande e legível nas páginas de seus livros". Porém, os críticos mais cuidadosos concordam que "os desacordos não eram pessoais, e jamais mesquinhos ou sem razão: eram contra os homens e mulheres que impediam e eram inimigos da causa de Deus em sua terra".[13]

Depois de ler e analisar a *Admoestação* de Knox, C. S. Lewis comentou: "Seria de supor que a leitura de uma obra tão ocasional, de assunto tão pouco variado, de temperamento tão feraz, seria tarefa difícil. Na verdade, o que surpreende é que não fosse mais difícil. Ele escreve com humor; em alguns lugares, é até carinhoso... Encontramos neste capítulo uma prosa segura e confiável, melhor que qualquer outra (com exceção da de Tyndale)". A estatura literária de Lewis e sua filiação anglicana tornam ainda mais acreditáveis as suas conclusões amigáveis. Lewis conclui: "Não é o *estilo* que afasta os leitores de John Knox"[14], levando-nos a deduzir que a substância do que Knox escreveu que foi dura de ser engolida pelos leitores.

Ternura: Epístolas de Consolação

"Os escritos de Knox não eram exercícios literários; eram o ribombar do trovão político", escreveu um historiador. "Contudo, naquela época elegante, nenhum homem foi mais elegante em sua escrita que ele". Acrescentou: "Knox ainda escreveu trechos de ternura e beleza dignos de São Paulo".[15] Em suas *Epístolas de Conforto* escrita para os cristãos que estavam sendo perseguidos por Maria a Sanguinária, Knox demonstrou ambas essas características.

Primeiro, o ribombar do trovão literário:

> Um reino iniciado com tirania e sangue não poderá ser estável nem permanente, mas as glórias, riquezas e os mantenedores desse reino serão como palha na chama de fogo. Num estrondo serão juntos consumidos de maneira que seus palácios serão amontoados de pedras (Isaías 22); suas congregações serão desoladas; e aqueles que dependem de sua ajuda cairão em ignomínia e destruição junto deles.[16]

No entanto, em seu próximo lance, passou à simpatia e ternura para consolar os aflitos:

> Portanto, amados irmãos em nosso Salvador Jesus Cristo, vendo que nem nossas imperfeições nem nossa fraqueza impedem que Jesus Cristo retorne a nós pela presença de sua Palavra, que nem a tirania desses lobos sedentos de sangue poderá devorar o pequeno rebanho de Cristo, mas que grande número será preservado para o louvor da glória de Deus, nem aqueles mais cruéis tiranos poderão escapar por muito tempo da vingança de Deus, que, em consolo, nós levantemos a cabeça, olhando constantemente para o

livramento do Senhor, dizendo a nosso Deus, com voz e coração: Ó Senhor, ainda que outros senhores tenham poder sobre nosso corpo, permita que só lembremos de ti e de teu santo nome".[17]

Passou então a um eloquente arrazoado baseado na Bíblia, encorajando-os em seus sofrimentos:

Ó irmãos, não está o diabo, nosso adversário, o príncipe deste mundo, derrotado e lançado para fora? Cristo Jesus, por quem nós estamos sofrendo, não o tem vencido? Apesar da malícia de Satanás, Cristo não tem levado nossa carne para a glória? E nosso Campeão não voltará?... Firmai-vos com Cristo Jesus neste dia de sua batalha, que será curto, bem como eterna será a vitória! Pois o próprio Senhor virá em nossa defesa, com a força de seu poder; ele nos dará a vitória quando à luta estiver mais forte.[18]

Clareza Teológica: A Confissão Escocesa

Em 1560, Knox e seus colaboradores escreveram a confissão de fé escocesa em apenas quatro dias. Knox já havia elaborado anteriormente uma confissão de fé, durante seu exílio no Continente Europeu, mas embora extraísse dessa obra anterior, a Confissão Escocesa tem seu próprio peso. Ainda que no prefácio Knox tenha se referido a ela como "breve e simples" devido às circunstâncias e curto prazo de tempo em que essa Confissão foi escrita, ela possui surpreendente abrangência e clareza, como se vê no capítulo 16: "A Igreja" (The kirk):

Assim como cremos em um só Deus, Pai, Filho e Espírito Santo, assim também firmemente cremos que houve desde o princípio, há agora e haverá até o fim do mundo uma só Igreja, isto é, uma sociedade e multidão de homens escolhidos por Deus, que corretamente o adoram e aceitam, pela verdadeira fé em Jesus Cristo, o qual, só, é o Cabeça da Igreja, assim como é ela o corpo e a esposa de Jesus Cristo. Essa Igreja é católica, isto é, universal, porque compreende os escolhidos de todos os tempos, de todos os reinos, nações e línguas, ou dos judeus ou dos gentios, que tenham comunhão e associação com Deus o Pai, e com seu Filho, Jesus Cristo, pela santificação do Espírito Santo. Por isso ela é chamada comunhão, não dos profanos, mas dos santos, que, como cidadãos da Jerusalém celestial, gozam de benefícios inestimáveis: um só Deus, um só Senhor Jesus Cristo, uma só fé e um só batismo. Fora dessa Igreja não há nem vida nem felicidade eterna. Portanto, detestamos completamente a blasfêmia dos que sustentam que os homens que vivem segundo a equidade e a justiça serão salvos, não importando que religião professem. Pois, visto que sem Cristo não há vida nem salvação, ninguém terá parte nesta senão aquele que o Pai deu ao seu Filho, Jesus Cristo, e aqueles que no tempo oportuno a ele vierem, confessarem a sua doutrina e nele crerem (incluímos as crianças de pais crentes). Essa Igreja é invisível, conhecida só de Deus - que é o único a conhecer os que ele escolheu e compreende, como já ficou dito, tanto os escolhidos que já partiram, e é chamada geralmente a "Igreja Triunfante", como os que ainda vivem e lutam contra o pecado e Satanás, e os que viverem daqui por diante.

Em seu primeiro *Livro de Disciplina* que seguiu após a Confissão de Fé, Knox delineou as três marcas distintivas da igreja: pregação da Palavra, administração dos sacramentos de batismo e ceia do Senhor, e disciplina da igreja.[19] Propôs ainda que todas as terras de propriedade da igreja católica romana fossem entregues à igreja

Reformada. Para a aristocracia, isso já era demais – quase metade de toda a terra da Escócia era de propriedade da igreja romana. Finalmente foi alcançado um acordo: dois terços iria para os clérigos romanos rejeitados e seus patronos; o terço restante seria dividido entre o Parlamento e a igreja Reformada. A reação de Knox revela a sua sagacidade: "Vi duas partes entregues livremente ao diabo; a terceira parte foi dividida entre Deus e o diabo".[20]

Embora o Tratado de Edimburgo de 6 de julho de 1560 deixasse claro que o Parlamento deveria se esquivar totalmente da esfera religiosa, John Knox desejava uma igreja pura, protegida por um governo puro, cujos súditos, como também seus governantes, se submetessem à autoridade da igreja verdadeira. Sendo assim, de 1 a 17 de agosto, o Parlamento escocês, os condes e barões, clérigos e prelados, deliberaram e finalmente aprovaram a Confissão de Fé Escocesa, abolindo assim a religião católica romana e tornando em ofensas criminosas as suas práticas.[21]

Rude Eloquência

Um dos meios pelos quais Deus capacitou um homem como John Knox a alterar de modo tão radical a direção de toda a nação, seu Parlamento, sua nobreza, sua monarquia, sua igreja foi sua rude eloquência. Talvez fosse tão fortalecido porque com sua pena ele seguia o próprio conselho, sendo "simples, sincero, fervoroso e não fingido".[22] O resultado foi que Knox deixou um corpo de literatura repleto de "abundante vitalidade que o vivifica da primeira até a última página".[23]

Daí que o historiador escocês Thomas Carlyle declarou em uma palestra no Século XIX, na Universidade de Edimburgo, que os alunos deveriam ler Knox. "Se examinarem Knox, encontrarão o belo humor escocês, bem como grande quantia de riso. Encontramos em Knox algumas das coisas mais ensolaradas que conheço de qualquer homem". Chamou a *História da Reforma na Escócia* de Knox de "um glorioso livro antigo, o qual, espero que cada um de vocês leiam".[24]

Em todos os escritos de Knox, não havia assunto sobre o qual escreveu mais do que sobre o amor de Deus elegendo indignos pecadores para a salvação: a predestinação.

CAPÍTULO 6

O Poder da Predestinação

A doutrina da eterna predestinação é tão essencial para a igreja de Deus que sem ela a fé não pode ser verdadeiramente ensinada nem estabelecida com segurança.[1]
— *John Knox*

Os críticos de John Knox e de sua teologia gostam de pintar sua figura como o *"enfant terrible* do Calvinismo".[2] Isso em parte se deve ao fato de Knox ensinar consistentemente que a salvação nada mais é que a graça eletiva de Deus sobre pecadores indignos que foram escolhidos desde a eternidade. A predestinação era parte tão integral à mensagem de Knox que, mais 150 anos após sua morte, os arminianos ainda criticavam George Whitefield por pregar "doutrinas emprestadas da *Kirk* de Knox".[3] É correto dizer que grande parte da hostilidade contra Knox tem suas raízes na sua doutrina da predestinação. O tratamento compreensivo da doutrina de predestinação compõe cerca de um quinto do seu cânon, sendo que mais espaço é dado a ela do que a qualquer outra doutrina. Lembre-se de que ele não deixou seus sermões por escrito, de modo que os estudiosos não possuem uma coleção completa de mensagens de onde tirar suas conclusões. No entanto, nos escritos de Knox, temos proporcionalmente tanto espaço gasto em predestinação quanto fez o apóstolo Paulo em sua epístola aos Efésios. Knox entendia a centralidade da predestinação para a pureza do evangelho, razão pela qual os inimigos da gratuita graça dos seus dias "esbravejavam tanto contra essa doutrina que atribui toda a glória e louvor de nossa redenção tão somente ao eterno amor e imerecida graça de Deus".[4]

Certamente, em toda época, pessoas cheias de vanglória atacam com fúria tudo que os deixa desnudados, expondo assim sua ignomínia e total dependência de salvação, que somente por parte de Deus pode ser operada. Parece que teólogos e pregadores, que não têm a necessária vigilância, revertem-se ao que Jonathan Edwards chamava de perspectiva imatura quanto à predestinação: "Desde minha infância, tive em mente muitas objeções contra a doutrina da soberania de Deus ao escolher quem ele queria para a vida eterna. Antigamente, parecia-me uma doutrina horrível".[5]

No entanto, é curioso que nossa época atual não tenha muitos furiosos denunciadores públicos da predestinação. Pelo contrário, é quase uma obrigação afirmar alguma espécie de adesão a essa doutrina, quase como se todos sentissem necessário ser calvinista.[6]

Como a antipatia natural do homem quanto a essa doutrina não tenha diminuído, nem a tendência de vociferar com fúria contra ela, por que a tentativa de afirmar uma doutrina tão detestável à natureza humana caída? Talvez porque tenhamos deturpado a definição e fabricado um calvinismo de baixa caloria, uma versão *tofu* da predestinação, doutrina tão sem tempero ou sabor que sobrou pouco para se irritar, uma predestinação que todos podem concordar.

Knox, porém, ensinava uma predestinação não diluída, de alto valor protéico, tendo chegado a tal entendimento quando em exílio na Genebra de Calvino. Em seu leito de morte, Calvino declarou que "viveria e morreria nesta fé que Deus me concedeu, não possuindo outra esperança ou refúgio senão na sua predestinação sobre a qual toda a minha salvação está firmada".[7] Foi esta a convicção do amadurecido Edwards, que descreve como sua mente foi subjugada ao ensino bíblico quanto à doutrina até que ela se tornou "um convencimento deleitoso. A doutrina tem muitas vezes aparecido de modo excessivamente agradável, brilhante e doce. A soberania absoluta é o que tenho prazer em atribuir a Deus".[8]

Em época cada vez mais focada no *aqui e agora*, onde muitos procuram um jeito de explicar a seu próprio modo ou diminuir a predestinação, o crente que ama todas as verdades bíblicas, como Knox, deleita e adorna a doutrina.

A Predestinação na Confissão Escocesa

Knox jamais ensinou a predestinação como fim em si mesmo, e não a utilizou para vencer os semipelagianos. Não era dominado pela doutrina, quer ela fosse a predestinação quer outra qualquer. Entendia que a predestinação não era o *cor ecclesiae*, o coração da igreja, o dogma central. Para Knox, o *cor ecclesiae* era somente Jesus Cristo. No entanto, via a predestinação como uma doutrina sobre a qual muitas outras encontravam base. Era importante por sustentar toda a estrutura da soteriologia; era a barra fundamental teológica sobre a qual o seu rebanho podia se firmar com inabalável confiança na plena e única suficiência de Cristo.

Já vimos que na Confissão de Fé Escocesa, Knox defendia a igreja como contendo "os escolhidos de todas as eras, de todos os reinos, nações e línguas".[9] Em outro lugar da Confissão, escrevendo sobre ser Cristo ambos, Deus e homem, Knox declarou que "a maravilhosa união entre a Divindade e a humanidade em Cristo Jesus" emana do "eterno e imutável decreto de Deus, de onde surge e depende toda a nossa salvação".[10] Tal idéia do decreto de Deus de salvar em Cristo aos pecadores sustenta toda a Confissão, mas é definida especificamente no capítulo 8, "Eleição":

> O mesmo Deus e Pai Eterno, que somente pela graça nos escolheu em seu Filho Cristo Jesus antes da fundação do mundo, o designou para ser cabeça, nosso irmão, nosso pastor, e grande Bispo de nossas almas. Mas como a oposição entre a justiça de Deus e os nossos pecados foi tal que nenhuma carne, em si mesma poderia atingir a Deus, aprouve ao Filho de Deus que desceu até nós e tomou sobre si um corpo de nosso corpo, carne de nossa carne, osso de nossos ossos, e se tornou Mediador entre Deus e os homens, dando poder a todos quantos nele cressem ser ele Filho de Deus, conforme ele mesmo disse: "Subo ao Pai e a vosso Pai, a meu Deus e a vosso Deus". Por esta santíssima irmandade aquilo que perdemos em Adão agora nos é novamente restaurado.

Observe como a teologia de Knox nunca está longe de Cristo: "Sua linguagem sobe com beleza e sentimento singular quando a obra e o sacrifício do Salvador são o tema".[11] A doutrina de Knox é de tal maneira cristológica que neste parágrafo sobre o amor eletivo do Pai, ele conduz imediatamente o seu rebanho ao filho.

Talvez no discípulo de Calvino, Knox, a teologia histórica tenha uma ligação mais clara entre a predestinação e a gloriosa doutrina que esteve manietada com um nome inglório e não compreendido – expiação limitada. Knox não permite nenhuma outra conclusão: a eleição é particular, e a obra de Cristo, por rigorosa necessidade, é particular. Ele continua o parágrafo acima acrescentando: "Ele deu-nos o seu unigênito Filho para ser nosso irmão, e nos deu a graça de reconhecer e abraçá-lo como nosso único Mediador... porque ele pôde suportar o castigo de nossas transgressões e apresentar-se na presença do juízo do seu Pai, em nosso lugar, sofrendo por nossa transgressão e desobediência". Nada disso faria sentido se Cristo tivesse morrido apenas para tornar os homens salváveis e não realizando e aplicando os benefícios eternos e salvíficos da expiação aos eleitos de Deus.

Knox conclui em um final extasiado, afirmando que o amor eletivo de Deus na redenção de Cristo "triunfou e comprou para nós a vida, a liberdade e a vitória perpétua".

Uma Doutrina Necessária

Para muitos cristãos Reformados, Knox parecia exageradamente entusiasmado. Claro, eles afirmam a predestinação, mas como se ela fosse um *papel de parede* teológico. Parecem dizer: "Vamos passar logo para assuntos mais interessantes". Para eles, a doutrina da eleição está longe de estar no coração da igreja. Ouvindo alguns falar, o batismo infantil, a guarda da lei mosaica, a santa ceia semanal, ou o uso de paramentos eclesiásticos estão agora no coração da igreja. Alguns pedem desculpas pela predestinação como se quisessem que Deus tivesse planejado as coisas sem uma doutrina assaz inconveniente. Alguns até mesmo procuram um jeito inteligente de desviar-se dela. É possível ouvir um pregador que professa ser calvinista expor Efésios 1.3-11 com as palavras: "Paulo está apenas apresentando temas aos quais tratará mais tarde em sua epístola".

Contudo, o biógrafo de Knox, James McEwan não tenta evitar a doutrina de Knox: "Não é necessário pedir desculpas pela tendência *predestinativa* da teologia de Knox. Era seu mister apresentar a fé bíblica, e a fé bíblica é *predestinativa* do começo ao fim".[12] McEwen não podia por menos, pois o próprio Knox argumentava que se quisermos realmente ser humildes, se quisermos ser "tomados completamente pela admiração da bondade de Deus, e assim, movidos ao louvor", temos de conhecer e crer na doutrina da predestinação eterna. Para Knox, se quisermos o evangelho e a verdadeira adoração a Deus, a predestinação eterna não é opcional, e sim, doutrina essencialmente necessária:

> A doutrina da eterna predestinação de Deus é tão necessária para a igreja de Deus que sem ela a fé não pode ser verdadeiramente ensinada nem estabelecida; o homem não poderá ser conduzido à verdadeira humildade e conhecimento de si mesmo, nem ser totalmente assombrado pela admiração da bondade de Deus e assim levado a louvá-lo. Sendo assim, não temos afirmar que tão necessário quanto é que a verdadeira fé se estabeleça em nosso coração, que sejamos conduzidos à humildade sem fingimento, e levados a louvá-lo por suas livres graças recebidas, também é necessária a doutrina da eterna predestinação de Deus.[13]

Knox cria também que a doutrina da predestinação era necessária para a edificação da fé e segurança da salvação:

> Não existe maneira mais certa de edificar e firmar a fé do que crer que nossa eleição... não consiste em nós mesmos, mas nos eternos e imutáveis prazeres de Deus, e que em tal firmeza isso não poderá ser abalado nem pelas tempestades do mundo nem pelos ataques de Satanás nem mesmo pela vacilação e fraqueza de nossa própria carne. Somente então nossa salvação é segura, quando encontramos a causa da mesma no seio e no conselho de Deus.[14]

Knox compreendia que a fé, nem a segurança sem vacilar

jamais seriam estabelecidas ao olharmos para nós mesmos. Como isso difere daqueles pregadores que hoje dizem a seus rebanhos que desviem os olhos de sua eleição eterna para sugestões tais como: "Olhem para seu batismo", "Olhem suas boas obras", "Olhem para os seus sentimentos" ou "Olhem para sua qualidade de membro na igreja visível". Knox mandava o seu rebanho para "o seio e conselho de Deus", ao "eterno e imutável prazer de Deus", a uma salvação que não pode ser "abalada nem pelas tempestades do mundo nem pelos ataques de Satanás nem mesmo pela vacilação e fraqueza de nossa própria carne".

Predestinação que Funciona

É de se esperar que arminianos não apreciem a predestinação de Knox, mas entre aqueles que insistem ser Reformados, existe um novo calvinismo pseudo-sofisticado que redefine e reduz a predestinação à "eleição pactual", eleição essa que poderá ser negada pela infidelidade. Tal doutrina de eleição chega perigosamente perto de tornar a santificação como condição para a justificação final. Tal "eleição" não é base para segurança no decreto e propósito eterno de Deus, portanto, não pode ser base para a segurança como a que tinha Knox ou "firmeza" de nossa posição diante de Deus.

Knox não conhecia esse tipo de linguagem dupla quanto à predestinação. Sua visão era da estirpe de Paulo, a doutrina que lançou o grande apóstolo aos gentios a êxtases de louvor em suas epístolas: "ó profundidade das riquezas do conhecimento e da sabedoria de Deus! Quão insondáveis os seus juízos e inescrutáveis seus caminhos!" (Rm 11.33). Uma eleição que fosse mera parceria pactual, onde Deus faz a sua parte, mas o homem determina seu destino final por sua fidelidade e obediência estaria longe de ser Boas Novas, não evocando nem indignação, por um lado, nem adoração, por outro. A predestinação de Knox eram Boas Novas porque apontava os homens ao evangelho da graça gratuita em Cristo, o Redentor que realizou plenamente o propósito eterno de seu Pai, em favor de pecadores que estavam mortos e eram totalmente indignos.

Knox jamais usou a predestinação como um cassetete; ele a desenrolava como uma corda de salvação para os perdidos que estavam se afogando. Talvez a persistente inclinação humana de menosprezar a eleição possa ser contra-atacada por uma pregação mais fiel de "doutrina emprestada da *Kirk* de Knox", que a tomou emprestada do apóstolo Paulo, que a recebeu do próprio dedo de Deus. Somente por ela seremos "assombrados de admiração pela eterna bondade de Deus, e assim, movidos a louvá-lo".[15]

A mesma ternura que governava o ensino de Knox e sua aplicação da doutrina da predestinação poderá ser vista em seu ministério a numerosos grupos fracos e carentes dentro da igreja escocesa.

CAPÍTULO 7

Fortalecendo os Fracos

Lembra-te, mãe, que Jesus Cristo Filho de Deus não veio em carne para chamar os justos, mas os pecadores... com esperança de misericórdia e perdão de Deus pela redenção que está no sangue de Cristo.[1]

- John Knox

John Knox tinha uma língua afiada e, quando provocado, conforme já vimos, ele conseguia acumular invectivos contra a maldade bem como contra os inimigos de Cristo e de sua igreja. É, porém, importante observar que ele reservava suas trovoadas contra a elite influente. Para as pessoas comuns, Knox só tinha compaixão e paciência.

Knox ralhava com rainhas assassinas e bispos imorais porque eles usavam o poder para oprimir os pobres e fracos. Denunciava a igreja católica romana e o papa exatamente porque eles "mercadejavam aquela meretriz babilônica pelos corpos e as almas dos homens".² Em outras palavras, Knox condenava Roma não somente por negligenciar o destino eterno do povo da Escócia como também desprezar a vida temporal dessas pessoas.

Em contraste, Knox amava profundamente as almas carentes e deprimidas da Escócia, e estava disposto a arriscar sua vida para ajudar a livrá-los da escravidão do pecado – e escravidão aos tiranos do pecado. Muitas vezes, ele exprimia essa compaixão em cartas enviadas para encorajar cristãos que estavam sofrendo. Em uma dessas cartas, regozijava que "a mui misericordiosa providência de Deus não é menos cuidadosa hoje sobre seus fracos e enfraquecidos servos" do que "sobre seu rebanho disperso e fortemente oprimido" nos tempos de exílio da antiga aliança.³

Knox buscava encorajar e auxiliar a todos os carentes, mas parece que possuía uma compulsão especial por auxiliar senhoras, pastores e líderes leigos na igreja.

O Vaso mais Fraco

Sob a maldade e tirania em qualquer lugar e qualquer época, ninguém é mais terrivelmente oprimido que as mulheres. Muitas pessoas apresentam Knox como uma pessoa que odiava as mulheres, mas, justamente em seu casto amor e cuidado pelas que sofriam sob temor e opressão, Knox foi mais pastoral e carinhoso.

Sua compaixão não é vista em outro lugar com tanta clareza quanto na correspondência que mantinha com mulheres humildes de seu rebanho. Por exemplo, Elizabeth Bowes, sogra de Knox, muitas vezes foi afligida por dúvidas e temor quanto à sua alma. Os conselhos evangélicos de Knox a ela em suas cartas representam o cuidado pastoral que ele tinha com todo o seu rebanho: *Lembra-te, mãe, de que Jesus Cristo, Filho de Deus, não veio em carne para chamar os justos, mas os pecadores... com esperança de misericórdia e perdão de Deus pela redenção que está no sangue de Cristo*. Com tais palavras, Knox quebra todos os estereótipos quanto a relacionamentos entre os homens e as suas sogras. Com amor e compaixão, ele faz com que ela deixe de concentrar em sua fraqueza e passe a confiar na perfeição de Cristo, ajudando-a a ver que a justiça imputada por Jesus cobria completamente todos os seus pecados diante do Pai:

> A tua imperfeição não terá poder para condená-la, pois a perfeição de Cristo é reputada como sendo tua, pela fé que tens em seu sangue. Deus já recebeu das mãos de seu único filho tudo que foi devido por nossos pecados e assim, não poderá, em sua justiça, requerer ou exigir mais de nós, nem outra recompensa pelos nossos pecados.[4]

Em outra carta, Knox vem ao lado dos fracos e mostra-lhes, por seu exemplo, como encontrar coragem nas "doces promessas" da Bíblia:

> O exame das Escrituras em busca das doces promessas de Deus, e por suas misericórdias dadas gratuitamente aos miseráveis ofensores (pois é sua natureza deleitar-se em demonstrar misericórdia onde mais reina a miséria), a coleção e aplicação das misericórdias de Deus foram como o quebrar e manusear com minhas próprias mãos do mais doce e deleitável unguento, pelo qual só pude receber consolo por seu olor naturalmente precioso.[5]

A primeira carta escrita por Knox à sua primeira esposa, Marjory Bowes, foi principalmente uma exortação pastoral repleta de preocupação pelo estado de sua alma. Como João Calvino, Knox pouco escreveu a respeito de sua vida familiar e relacionamentos. Os poucos lugares onde ele se refere à esposa, ela é descrita como sua "Mão esquerda" e ajudadora em seus escritos. Depois que ela faleceu em dezembro de 1560, ele refere ao "peso em razão da recente morte de sua querida colega de leito".[6] A morte de Marjory deixou para Knox o cuidado de dois filhos, um de dois anos e outro de três anos e meio de idade.

Em uma de suas audiências com a Rainha, Knox revela o carinhoso coração de um pai e um eloquente, se bem que breve, retrato de sua vida familiar: "Jamais me alegro no choro de qualquer das criaturas de Deus; sim, quase não consigo suportar as lágrimas de meus próprios meninos a quem minha mão corrige".[7]

A 26 de março de 1564 houve um dos mais controvertidos casamentos da Reforma, quando Knox, viúvo na casa dos cinquenta anos, casou-se com uma parenta distante da rainha – Margaret Stewart – que contava dezessete anos de idade. Ela deu à luz três filhas: Martha, Margareth e Elizabeth, sendo que a última mais tarde se tornaria a intrépida esposa de John Welch.[8] Margaret Stewart cuidou de Knox em sua enfermidade final e esteve ao seu lado, lendo, a seu pedido, a Escritura, bem como sermões de Calvino em seu leito de morte.

Para os pomposos que se alimentam dos fracos, Knox só tinha a apresentar trovejadas, mas eram trovões com propósito.

Chamado para se apresentar diante de Mary, Rainha dos escoceses, em seu grande palácio de Holyrood, Knox passou pelas estreitas ruas de Edimburgo; de cada lado, pobres maltrapilhos desempenhavam as suas tarefas de lavar roupas e preparar comida – mulheres carregando pesados fardos, de roupas rudes, cuidando das crianças. Conduzido ao luxo do palácio, foi dito a Knox que se sentasse até a rainha chegar e chamá-lo. Enquanto ele esperava, observava as quatro atendentes da rainha, todas de nome Mary, "sentadas com todas as suas maravilhosas vestimentas". Sempre pregando contra a vaidade, Knox falou:

> Ó belas senhoras, como seria agradável essa sua vida, se ela durasse e afinal vós pudésseis entrar no céu com toda esta roupagem esplêndida. Mas amaldiçoai aquele Coringa da Morte, que virá quer queiramos quer não! E quando ele tiver disposto seu trabalho, os nojentos vermes estarão ocupados em comer vossa carne, por mais tenra e bela que ela seja; e a alma tola, temo eu, estará tão enfraquecida que não conseguirá carregar consigo o seu ouro, suas roupagens finas, pérolas, nem suas pedras preciosas.[9]

Alguém poderá culpar a Knox por ele não apreciar as qualidades artísticas de costureiros ou joalheiros, ou criticá-lo por seu uso de sátira. Mas Knox, jamais bajulador, simplesmente ia até a raiz das coisas. Acreditava ser um ato de compaixão para com as mulheres desmascarar a frivolidade da corte renascentista e expor-lhes as realidades da morte e da eternidade.

Equipando os Pastores

Repelindo a vaidade e ignorância de clérigos contratados que enganavam e oprimiam, havia séculos, os pobres de sua terra, Knox insistiu que a Igreja da Escócia designasse apenas "homens bondosos e doutos (preparados)" para seus púlpitos. Não tinha paciência com pastores que fossem "sombra vã" de um servo de Cristo. Cria que o ministro deveria ser pastor a conduzir o rebanho, que estivesse disposto a partilhar o "Pão da Vida a almas famintas e desfalecidas".[10]

No entanto, Knox não era um elitista que buscava criar um clero sofisticado, intelectualmente respeitável, por mais que isso pudesse ser tentador depois dos abusos vergonhosos do ofício ministerial durante a Idade Média. Sabia que esse não era o caminho de Cristo em sua igreja, porque ele não veio "para ser servido, mas para servir, e dar a vida em resgate de muitos" (Mt 20.28). Para Knox, nenhum ministro-servo de Cristo estava acima de seu Senhor. Talvez porque o próprio Knox tivesse encontrado tanta força abundante em meio a sua grande fraqueza pessoal, ele foi usado por Deus para levantar uma ampla liderança de "simples soldados", do mesmo modo como ele via a si mesmo.

Em uma oração escrita, anexada à ordem do culto para a eleição e ordenação de presbíteros, Knox revela as prioridades e os objetivos do ofício:

> Ó Senhor, tu que és eterno Filho do eterno Pai, que não somente amaste tua Igreja para sua redenção e purificação, também te humilhaste até a morte da cruz, e sobre ela derramaste teu mais inocente sangue, a fim de preparar para ti mesmo uma esposa sem mácula, como também para guardar na memória esse mais excelente benefício, tens designado para a igreja mestres, pastores e apóstolos para instruir, consolar e admoestar a mesma. Olha para nós, ó Senhor, que és único Rei, Mestre e Sumo Sacerdote de teu rebanho.[11]

Talvez Knox tivesse revelado melhor sua visão da importância do ofício ministerial quando entregou, apenas poucos dias antes de sua morte, a sua larga espada de dois gumes do ministério, a seu sucessor, James Lawson. Disse-lhe: "E tu, Senhor Lawson, combate o bom combate. Faze a obra do Senhor com coragem e uma mente disposta; que Deus lá de cima te abençoe e à igreja sobre a qual tens o cuidado. As portas do inferno não prevalecerão contra ela, enquanto continuar firme na doutrina da verdade."[12]

Equipando os Leigos

Como a sociedade escocesa do século XVI era de tal forma estratificada, o homem comum, nas questões de estado ou de religião, não tinha voz marginalizada – simplesmente não tinha voz alguma. A pessoa simples não possuía categoria para idéias democráticas. Assim como não havia cédulas para eleitores políticos, também não havia nenhum membro de igreja que tivesse sido proposto ou eleito para algum cargo como presbítero, diácono ou pastor.

Tudo isso mudou sob a liderança de Knox. Os Livros de Disciplina (*Books of Discipline*) declaravam que Deus não fazia nenhuma acepção de pessoas por seu nascimento ou *status*, entendimento bíblico que o historiador Kenneth Scott Latourette observou "promulgar nos escoceses uma firme independência".[13]

Alguns persistem em desconstruir Knox como rolo compressor tirano, um Machiavell eclesiástico. Os melhores historiadores concluíram, entretanto, que a política de Knox era bem contrária ao pragmatismo maquiavélico.[14] Knox não se importava com o que alguns achavam que daria certo ou não na sociedade. Ele dava extrema importância à glória de Deus em Cristo estar entretecida no tecido da Escócia, o que para ele começava no coração de todo homem, mulher e criança.

Em radical oposição aos bispos romanos, que desdenhosamente previam que todo homem haveria de "balbuciar a Bíblia" e se "intrometeria com a Escritura", Knox ensinava que "é dever de todo cristão buscar a vontade de seu Deus e a segurança de sua salvação aonde ela se encontra, ou seja, na Palavra do seu Antigo e Novo Testamento".[15] Mas não era pouca coisa cercear séculos de esforço determinado para manter o homem comum desligado da Bíblia.

Um teórico cultural resumiu da seguinte forma os paradigmas opostos: "Para atrair o homem comum à religião, é necessário ou que se adorne o espetáculo, como fizeram os católicos, ou se eduque o povo, como fizeram os protestantes".[16] A religião medieval tinha se desgastado tentando deslumbrar as massas com imagens e velas, vestimentas e cerimônias, mas o cristianismo reformado era uma religião da Palavra, e Knox queria que a Palavra fosse acessível a todos. Ricos ou pobres, homens ou mulheres, ele estava decidido a ver a glória de Cristo conhecida por toda a Escócia, por meio da alfabetização. Daí, ele instar com a nobreza: "É necessário que vossas Altezas tenham cuidado pela virtuosa educação e criação piedosa dos jovens do reino". Via como o grande objetivo da educação "o avanço da glória de Cristo", e insistia que a educação centrada em Cristo fosse estabelecida "para o benefício contínuo das gerações que sucederão".[17]

A fim de realizar isto, no *Livro das Disciplinas* Knox estabeleceu o primeiro sistema educativo nacional no mundo ocidental. Então, a nação protótipo para a alfabetização universal foi a Escócia Reformada, e cada uma das "escolas públicas" em todo o país – por mais desajeitado que isso possa parecer aos leitores modernos – era uma escola distintamente cristã, tendo a Bíblia em língua inglesa e o Catecismo de Genebra[18] como o currículo básico.

Uma invenção tão abrangente de uma sociedade que conhecia a leitura só podia ter efeitos profundos sobre toda a Escócia. Conquanto os membros da igreja, no passado, tivessem sido totalmente passivos no culto – sendo os cânticos, a leitura, a pregação e a oração feitos por outros – Knox recriou um culto baseado nas linhas dos tempos dos apóstolos.

Em 1560, no Livro Comum de Ordem (*Book of Common Order*), Knox descreveu a ordem do culto: confissão de pecados, invocação do Espírito do Senhor Jesus, o cântico de Salmos metrificados, e leituras do Antigo e do Novo Testamento, seguido da exposição da Palavra, ações de graças e intercessão – tudo em inglês, com a plena participação do povo.[19]

Roland Bainton, historiador da Reforma, atribui a Knox "o amplo âmbito da igreja dentro da comunidade" e ao "desenvolvimento sem paralelos da liderança leiga".[20]

Knox via a si mesmo como fraco, tornado poderoso pela graça

de Deus, uma autoavaliação que fazia que os demais da Escócia fossem vistos como possuidores de grandes esperanças. Podemos apenas imaginar o impacto dessa mudança de paradigma, tanto sobre aqueles que estiveram no poder havia séculos, quanto sobre a liderança leiga, que de repente deveria assumir parcela ativa e significativa do culto e de sua expansão. Tal liderança não agradaria um clérigo inflado ou um monarca sedento de poder: "Os leigos e o povo receberam uma voz que os monarcas corretamente temiam como ameaça às suas reivindicações ao poder absoluto". Com essa transformação, o homem comum da igreja poderia ter ofício e exercer autoridade em um grau jamais imaginado antes. Escreve Latourette: "Foi feita provisão, no nível paroquial, para o presbítero leigo, e na Assembleia Geral (Supremo Concílio) que agia em benefício de toda a Igreja da Escócia".[21] Sob a capacitação e equiparação da liderança leiga, feita por Knox, dentro da igreja "as fileiras comuns tinham voz muito mais forte do que o Parlamento".

Uma Super Maioria Impossível de Parar

Para Knox, a liderança na igreja não se limitava à máxima "um homem com Deus está sempre em maioria". Pelo contrário, ele tinha a intenção de proclamar as boas novas por toda a Escócia e trazer todos a Deus – serem membros do seu corpo, a igreja; participantes com ele das promessas do evangelho em Cristo; fazendo parte de seu exército, a igreja militante. Com tal super maioria, as portas do inferno não poderiam prevalecer contra ele.

A insegurança que Knox tinha em si mesmo dava a ele a mais profunda confiança no poder de Deus para realizar grandes coisas usando homens muito comuns. Assim, em todo o reino, pequenos homens foram levantados pela graça de Deus e pelo poder do evangelho para o exercício de seus dons, dados por Deus, para o avanço do seu reinado. O que era verdade na igreja tornou-se verdadeiro também na política e cultura, a ponto de dizerem: "Debaixo de Deus, John Knox foi o arquiteto de uma Escócia capacitada, inteligente, autogovernante".[22]

CAPÍTULO 8

Um Legado de Força

As obras [de Knox] não morreram. A letra de seu trabalho morre, como a de todos os homens, mas o seu espírito – jamais.[1]

— Thomas Carlyle

O que transformou John Knox de um obscuro João ninguém "de baixa estatura e fraca constituição física"[2], de um "homem pequeno e frágil"[3], de fracote que torcia as mãos e rompia em prantos, correndo para longe quando foi chamado pela primeira vez para pregar, em indomável raio de trovão, movedor teológico da terra da Reforma, o "Jeremias hebreu colocado em solo escocês"?[4]

O que havia em Knox que levou o historiador inglês James Anthony Froude a concluir que "Não houve em toda a história da Reforma nesta ilha maior figura que a de Knox"?[5] O que capacitou um homem de constituição tão fraca a subsistir sem vacilar contra a tirania política e eclesiástica? O que fez que mobilizasse toda uma nação, desde os lavradores até os parlamentares, para que se firmassem destemidos diante dos inimigos do evangelho? Porque dizem os historiadores de um homem tal como Knox: "Sua era a voz que ensinou aos camponeses lotianos que, aos olhos de Deus, eram homens livres, iguais ao mais orgulhoso nobre ou prelado que pisoteara os seus antepassados"?[6]

Só há uma resposta. Knox foi transformado da fraqueza para o poder pela força do Senhor. Nisto, Knox – bem como todos quantos desejam ser usados poderosamente por Deus – era como Paulo, que disse: "Quando estou fraco é que sou forte" (2Co 12.10b). Devido a essa transformação divina, ainda que Knox quisesse objetar, ele é relembrado por alguns em termos superlativos: "Na verdade, retidão, coragem, pureza e imaculada honra... o espírito de Knox foi a salvação da Escócia".[7]

Chegou a Hora

Escrevo estes pensamentos de conclusão assentado no segundo andar da casa de Knox em *Trunk Close* na Milha Real em Edimburgo. Tenho a meu redor áudio de gravações de cânticos do Saltério escocês e da pregação de Knox diante da Rainha Mary. A sua personagem nessa peça dramática lembra a do cientista louco Dr. Emmett Brown (atuado por Christopher Lloyd) do filme dos anos oitenta *De volta para o Futuro*. Enquanto isso, a voz escolhida para Mary, rainha da Escócia, é sedutora e melódica – voz feminina suave e inteligente. O veredicto foi dado antes de o visitante ter ouvido a evidência e deliberado. Tal apresentação moderna da "altercação entre a moça bonita e o reformador rude", observou o estudioso da Reforma, Roland Bainton, "não evoca a mínima simpatia por Knox em uma era onde toda a história que estava envolvida foi esquecida".[8] Essa apresentação tem menos a ver com os fatos e muito mais a ver com conclusões sentimentais que as pessoas insistem em tirar quanto a Knox e Mary, sua nêmese feminina. Tal retrato romantizado é fatalmente enganoso para quem deseja saber o que, de fato, aconteceu.

Enquanto escuto, minha mente se volta a 24 de novembro de 1572, quando o homem que muitas vezes concluía suas cartas com "John Knox, com um pé na cova",[9] jazia à morte. Pediu que a esposa lesse os sermões de João Calvino em Efésios. Imagino-o deitado na cama neste mesmo quarto, com respiração curta e face cinzenta, sua esposa lendo o texto do sermão: "Bendito o Deus e Pai de nosso Senhor Jesus Cristo, que nos tem abençoado com toda sorte de bênção espiritual nas regiões celestiais em Cristo, assim como nos escolheu, nele, antes da fundação do mundo, para sermos santos e irrepreensíveis perante ele; e em amor nos predestinou para ele, para a adoção de filhos, por meio de Jesus Cristo, segundo o beneplácito de sua vontade". (Ef 1.3-5)

Imagino lá pelas cinco da tarde, Knox pedindo-lhe, com voz quase inaudível: Vai, lê onde eu lancei primeiro a minha âncora, e ela passa a ler de João 17: "E a vida eterna é esta: que te conheçam a ti, o único Deus verdadeiro, e a Jesus Cristo, a quem enviaste. É por eles que eu rogo; não rogo pelo mundo, mas por aqueles que me deste, porque são teus... guarda-os em teu nome, que me deste, para que eles sejam um, assim como nós..." (vv. 3, 9,11b). Imagino então que Margaret em seguida passe a ler de 1Coríntios 15, quem sabe, com voz trêmula: "De fato, Cristo ressuscitou dentre os mortos, sendo ele as primícias dos que dormem... Porque, assim como, em Adão, todos morrem, assim também todos serão vivificados em Cristo. Cada um, porém, por sua própria ordem: Cristo, as primícias; depois, os que são de Cristo, na sua vinda".(vv 20, 22-23). Ouço o sussurro da resposta do velho homem: "Não é esse um capítulo de grande conforto?"[10]

John Knox – o pequeno e frágil Knox – enfrentou a morte da mesma forma como enfrentou os canhões franceses, a brutalidade da Galé, as hostilidades de rainhas assassinas, e as ameaças de pomposos prelados. "Chegou a hora", disse. Knox enfrentou a morte com paz e resolução porque sabia que Cristo Jesus havia vencido a morte em seu lugar. Morreu como viveu: não confiando na frágil força que rapidamente desvanecia, mas sim, na perfeição e justiça do seu Campeão, o Rei Jesus. Suas últimas palavras foram, apropriadamente: "Vem, Senhor Jesus, doce Jesus! Em tuas mãos entrego meu espírito".[11]

Honra a Ele

O historiador escocês Thomas Carlyle procurou sintetizar a vida de Knox da seguinte forma:

> "Ele teve as duras lutas de uma existência que combatia Papas e Principados; na derrota, contenda, guerra de uma vida inteira, remando como escravo nas galés, vagando em exílio. Duras lutas – mas ele venceu! Perguntaram-lhe em seus últimos instantes: Tens esperança? quando ele não podia mais falar. Ele levantou o dedo apontando para cima, e assim morreu. A ele a honra! Suas obras não morreram. A letra de sua obra morre, como a de todo homem. Mas o espírito da mesma – jamais!"[12]

Sem dúvida o próprio Knox trovejaria uma objeção: "A carne em si mesma é vaidosa, e não precisa de nada para inflá-la ainda mais!" A única coisa que Knox se orgulhava era "a misericórdia gratuita de Deus em Cristo".[13] Como queria que toda a honra fosse dada somente a Cristo, tenho minhas suspeitas que ele não gastaria tempo para escrever sua autobiografia nem ler um livro a seu respeito – a não ser que isso servisse para apontar almas temerosas para a grandeza de Jesus Cristo.

Thomas Smeaton, contemporâneo de Knox, compreendia a força da grandeza derivada de Knox: "Deus, por sua graça e poder, tornou o pequeno e frágil Knox em grande e piedoso homem".[14] Daí Knox servir como modelo para que todos quantos se julgam pequenos e fracos, insignificantes e obscuros, como Paulo, digam ser "O menor entre os santos" (Ef 3.8). Da vida de Knox, encontramos encorajamento para assumir nossa fraqueza "a fim de poderdes compreender, com todos os santos, qual é a largura, e o comprimento, e a altura, e a profundidade, e conhecer o amor de Cristo, que excede todo entendimento, para que sejais tomados de toda a plenitude de Deus".(Ef 3.18-19).

Como faltará força para o santo mais fraco, se esse encontra sua força na plenitude da onipotência de Deus? O que Deus poderá realizar em nosso mundo quando cristãos comuns reconhecerem sua fragilidade e encontrarem descanso na graça e no poder de Deus? Knox, exemplo de homem "simples, sincero, fervoroso e sem fingimento",[15] resumiu o que aconteceu em seu mundo: "Deus concedeu em grande abundância o seu Espírito a homens simples".[16] Que hoje, em nosso mundo, ele faça o mesmo! E que sejamos, como John Knox, cristãos que reconheçam nossa poderosa fraqueza, deixemos de pensar em nós mesmos e encontremos força somente no poder inexaurível de Deus.

***

Pelo que sinto prazer nas fraquezas, nas injúrias, nas necessidades, nas perseguições, nas angústias, por amor de Cristo. Porque, quando sou fraco, então, é que sou forte.

(2Coríntios 12.10)

APÊNDICE A

Linha de Tempo de John Knox e da Reforma

1512	Primeiro martírio da Reforma em Paris
1514	(aprox.) Nasce John Knox em Haddington
1516	Desidério Erasmo publica seu Novo Testamento grego
1517	Martinho Lutero posta suas Noventa e Cinco Teses
1518	Ulrich Zuínglio prega em Zurique e provoca a Reforma Suíça
1525	William Tyndale publica o Novo testamento em inglês
1530	Confissão de fé luterana de Augsburg foi escrita

1534	Henrique VIII declara Ato de Supremacia e rompe com Roma
1534	Inácio de Loyola funda Ordem dos Jesuítas para renovação da igreja Católica Romana
1536	João Calvino publica primeira edição de suas *Institutas da Religião Cristã*; Knox deixa os estudos universitários; é ordenado ao sacerdócio
1540	Knox trabalha como notário (tabelião) e tutor particular
1543	Provável data da conversão de Knox a Cristo
1545	Knox apóia e é guarda-costas de George Wisehart; começa o Concílio de Trento da igreja Católica Romana (concluída em 1563)
1546	Wishart é martirizado; Cardeal David Beaton é morto em retaliação. Protestantes invadem castelo de Saint Andrews; Rainha Regente sitia o castelo.
1547	Knox se une aos protestantes no castelo; prega seu primeiro sermão público; Castelo é vencido pelos franceses; Knox inicia os dezenove meses com escravo em galés francesas
	PREGAÇÃO NA INGLATERRA
1549	Knox é liberto e prega diante de Edward VI; prega em Berwick, Inglaterra

1549	Book of Common Prayer de Thomas Cranmer é publicado
1550	Sra. Elizabeth Bowes e sua filha Marjory se convertem
1552	Knox disputa o ajoelhar-se na Ceia do Senhor, recusa o bispado de Rochester
1553	Morre Edward VI; a católica Mary Tudor – a sanguinária - ascende ao trono
REFUGIADO NA EUROPA	
1554	Knox foge para a Genebra de Calvino; pastoreia congregação de língua inglesa em Frankfurt
1555	Knox pastoreia congregação de refugiados ingleses em Genebra; conduz cruzada de pregação na Escócia; casa-se com Marjory Bowes
1556	É condenado como herege na Escócia; retorna a Genebra com a esposa e a sogra
1558	Knox escreve *Primeiro Clarim da Trombeta Contra o Monstruoso Regimento de Mulheres*
1558	Morre Mary Tudor; Elizabeth I torna-se rainha da Inglaterra

ANOS DE REFORMA NA ESCÓCIA	
1559	Knox volta à Escócia; prega sermão condenando a idolatria da missa; estouram reavivamento e iconoclasmo
1560	Parlamento Reformado adota a *Confissão de Fé Escocesa*; morre Marjory, esposa de Knox
1560	Knox ajuda a escrever o primeiro *Livro de Disciplina*
1561	Mary, rainha da Escócia, retorna à Escócia; Knox é pastor em Saint Giles, Edimburgo; tem primeira entrevista com Mary
1563	É publicado o *Livro dos Mártires* de John Foxe
1564	Knox casa-se com Margaret Stewart
1566	Knox escreve *História da Reforma na Escócia*
1572	Massacre do Dia de São Bartolomeu, na França
1572	Knox morre em Edimburgo, sepultado próximo a High Kirk de Saint Giles

APÊNDICE B

Confissão de Fé Escocesa[1]

Nota do autor: Sob direção do Parlamento Escocês, John Knox e cinco colegas (todos de nome John) redigiram, em quatro dias, a Confissão de Fé Escocesa. Em 17 de agosto de 1560, Knox e seus colegas pastores apresentaram essa confissão de fé ao Parlamento e prepararam-se para enfrentar perguntas e debate. Consiste em vinte e cinco breves capítulos, cada qual sustentado por citações bíblicas. A confissão começa com a doutrina de Deus e segue com afirmações sobre a criação, o pecado original, a encarnação de Cristo, a eleição, a igreja, as Escrituras, o Espírito Santo, as boas obras, os sacramentos, a lei, a vida futura, e a relação entre a Igreja e o Estado. Como nas outras Confissões Reformadas, a Pessoa e obra salvífica de Cristo são o tema central de toda a Confissão. Embora estivessem presentes clérigos católicos romanos, houve pouca oposição e ela foi ratificada por significativa maioria do Parlamento. A obra de Knox e seus colegas permaneceu sendo a Confissão de Fé da Igreja Escocesa até que sua rude eloquência foi sobrepujada pela Confissão de Fé de Westminster em 1647.

Prefácio

Os Estados da Escócia, com seus habitantes, professando o evangelho santo de Jesus Cristo: para os seus compatriotas, e para todos os outros reinos e nações, professando o mesmo Senhor Jesus com eles, deseja graça, misericórdia, e paz de Deus o Pai de nosso Senhor Jesus Cristo, com um espírito de justo julgamento, para saudação, etc.

Durante muito tempo, queridos irmãos, nós tivemos o desejo de notificar ao mundo, a soma daquela doutrina a qual nós professamos, e pela o qual nós temos recebido infâmia e perigo. Mas tal foi a fúria de Satanás contra nós, e contra a verdade eterna de Jesus Cristo, recentemente nascida entre nós, que até este dia nenhum tempo foi concedido a nós para clarear nossas consciências, como alegremente nós teríamos feito. Como nós temos sido lançados a um ano inteiro de passado, a maior parte de Europa (como nós supomos) entende. Mas vendo que a infinita bondade de nosso Deus (que nunca faz sofrer o aflito completamente para não ser confundido), acima de qualquer expectativa, nós obtivemos algum descanso e liberdade, nós não pudemos, mas passo adiante esta breve e simples confissão de tal doutrina como é proposta à nós, e como nós acreditamos e professamos; em parte para satisfação de nossos irmãos cujos corações, não temos dúvida, temos sido ainda feridos apesar da ira que ainda temos de não aprender a falar bem; e em parte pelo parar as bocas de insolentes blasfemadores que corajosamente amaldiçoam aquilo que eles nem mesmo ouviram, e o que nem ainda entendem.

Não que julguemos que tal cancerosa malícia pode ser curada

por esta nossa simples confissão. Não, nós sabemos que o doce sabor do evangelho é, e deve ser, morte para os filhos de perdição. Mas nós temos respeito principalmente para com nossos irmãos fracos e enfermos, para quem nós comunicaríamos o fundo de nossos corações, para que eles não sejam aborrecidos ou levados por diversos rumores que Satanás espalha [contra] nós, para derrotar este nosso empreendimento religioso; protestando que, se qualquer homem notar nesta nossa confissão, que qualquer artigo ou sentença seja repugnante para com a Palavra santa de Deus, isto nos agradará, por sua gentileza, e pela causa da caridade cristã, nos prevenir destes mesmos escritos; e nós, por nossa honra e fidelidade, prometemos a ele satisfação da boca de Deus (quer dizer, de suas Escrituras Santas), ou qualquer reforma que ele prove em que temos nos extraviado. Para Deus nós levamos as histórias de nossas consciências, que de nossos corações nós detestamos todas as seitas heréticas, e todos os professores de doutrina errônea; e que, com toda humildade, nós abraçamos a pureza do evangelho de Cristo que é o único alimento de nossas almas; e isto é tão precioso para nós, que nós estamos determinados a sofrer a extremidade do perigo mundano, ao invés de que nós sofreremos ao ser defraudados pelo mesmo. Pela espera nós somos certamente persuadidos, que aquele que de alguma forma negar a Cristo Jesus, ou ter vergonha dele, na presença dos homens, será negado diante do Pai, e diante de seus santos anjos. E então, pela ajuda do poderoso Espírito do nosso mesmo Senhor Jesus, nós firmemente propomos ficar juntos até o fim, na confissão desta nossa fé, como se seguem nestes artigos.]

1º Capítulo
De Deus

Confessamos e reconhecemos um só Deus, a quem, só, devemos apegar-nos, a quem, só, devemos servir, a quem, só, devemos adorar e em quem, só, devemos depositar nossa confiança. Ele é eterno, infinito, imensurável, incompreensível, onipotente, invisível; um em substância e, contudo, distinto em três pessoas, o Pai, o Filho e o Espírito Santo. Cremos e confessamos que por ele todas as coisas que há no céu e na terra, visíveis e invisíveis, foram criadas, são mantidas em seu ser, e são governadas e guiadas pela sua inescrutável providência para o fim que determinaram sua eterna sabedoria, bondade e justiça, e para a manifestação de sua própria glória.

2º Capítulo
Da Criação do Homem

Confessamos e reconhecemos que nosso Deus criou o homem, nosso primeiro pai, Adão, segundo sua própria imagem e semelhança, e lhe deu sabedoria, domínio, justiça, livre arbítrio e consciência de si mesmo, de modo que em toda a natureza do homem não se podia encontrar nenhuma imperfeição. Dessa perfeição e dignidade caíram o homem e a mulher; a mulher, enganada pela serpente e o homem dando ouvido à voz da mulher, ambos conspirando contra a soberana majestade de Deus, que, com palavras claras, os havia previamente ameaçado de morte, se ousassem comer da árvore proibida.

3º Capítulo
Do Pecado Original

Por essa transgressão, conhecida como pecado original, a imagem de Deus foi totalmente deformada no homem, e ele e seus filhos se tornaram, por natureza, inimigos de Deus, escravos de Satanás e servos do pecado, de modo que a morte eterna tem tido e terá poder e domínio sobre todos os que não foram, não são e não forem regenerados do alto. Este novo nascimento se realiza pelo poder do Espírito Santo, que cria nos corações dos escolhidos de Deus uma fé firme na promessa de Deus a nós revelada pela sua Palavra; por essa fé aprendemos Jesus Cristo com os seus dons gratuitos e com as bênçãos nele prometidas.

4º Capítulo
Da Revelação da Promessa

Cremos firmemente que Deus, depois da tremenda e horrenda defecção de sua obediência feita pelo homem, procurou Adão, chamou-o a si, foi ter com ele, o repreendeu e convenceu do seu pecado e fez-lhe afinal a mais grata e gratuita promessa de que a semente da mulher esmagaria a cabeça da serpente, isto é, destruiria as obras do Diabo. Tal promessa foi repetida e tornada cada vez mais clara com o correr do tempo; foi abraçada com firmeza e alegria por todos os fiéis, de Adão a Noé. Semelhantemente, de Noé a Abraão, de Abraão a Davi e assim por diante até a encarnação de Jesus Cristo; todos – isto é, os patriarcas crentes sob a lei – viram os dias agradabilíssimos de Cristo e se regozijaram.

5º Capítulo
Continuidade, Aumento e Preservação da Igreja

Cremos, com toda a certeza, que Deus preservou, instruiu, multiplicou, honrou, adornou e chamou, da morte para a vida, a sua Igreja em todas as épocas, desde Adão até a vinda de Cristo Jesus em carne. Ele chamou Abraão da terra de seu pai, instruiu-o e multiplicou a sua semente; ele o preservou maravilhosamente e mais admiravelmente livrou sua semente da servidão e da tirania de Faraó; deu-lhe as suas leis, constituições e cerimônias, deu-lhes a terra de Canaã. Depois de lhes haver dado juizes, e posteriormente Saul, deu-lhes Davi para ser rei, a quem prometeu que do fruto dos seus lombos um devia assentar-se para sempre no seu trono real. A esse mesmo povo ele enviou profetas, em contínua sucessão de tempo, a fim de, da idolatria pela qual eles freqüentes vezes se desviaram, reconduzi-los ao caminho reto do seu Deus. Embora, por seu obstinado desprezo da justiça, tenha sido ele, compelido a entregá-los nas mãos dos seus inimigos, como fora previamente ameaçado pelos lábios de Moisés, de modo que a cidade santa foi completamente destruída, o templo devorado pelo fogo, e toda a terra desolada durante setenta anos, contudo, por sua graça e misericórdia ele os reconduziu a Jerusalém, onde a cidade e o templo foram restaurados e onde eles resistiram contra todas as tentações e assaltos de Satanás, até a vinda do Messias, segundo a promessa.

6º Capítulo
Da Encarnação de Cristo

Quando chegou a plenitude do tempo, Deus enviou ao mundo o seu Filho – sua eterna sabedoria, a substância da sua própria glória – o qual assumiu a natureza humana da substância de uma mulher, uma virgem, e isso por obra do Espírito Santo. Assim nasceu a "semente justa de Davi", o "Anjo do grande conselho de Deus", o próprio Messias prometido, a quem reconhecemos e confessamos como o Emanuel, verdadeiro Deus e verdadeiro homem, por duas naturezas unidas e ligadas em uma só pessoa. Assim, por esta nossa Confissão condenamos as condenáveis e pestilentas heresias de Ário, Márcion, Eutiques, Nestório e outros, que, ou negaram a sua divindade eterna ou a verdade da sua natureza humana, ou as confundiram ou dividiram.

7º Capítulo
Por que Devia o Mediador ser Verdadeiro Deus e Verdadeiro Homem

Reconhecemos e confessamos que esta admirável união entre a divindade e a humanidade, em Jesus Cristo, procedeu do decreto eterno e imutável de Deus, do qual decorre e depende toda a nossa salvação.

8º Capítulo
A Eleição

O mesmo eterno Deus e Pai, que somente pela graça nos escolheu em seu Filho, Jesus Cristo, antes que fossem lançados os fundamentos do mundo, designou-o para ser nosso chefe, nosso irmão, nosso pastor e o grande bispo de nossas almas. Mas, visto que a inimizade entre a justiça de Deus e os nossos pecados era tal que nenhuma carne por si mesma poderia ter chegado a Deus, foi preciso que o Filho de Deus descesse até nós e assumisse o corpo de nosso corpo, a carne de nossa carne e o osso de nossos ossos, para que se tornasse o perfeito Mediador entre Deus e o homem, dando a todos os que crêem em Deus o poder de se tornarem filhos de Deus, como ele mesmo diz: «Subo para o meu Pai e vosso Pai, para o meu Deus e vosso Deus». Por meio desta santíssima fraternidade, tudo o que perdemos em Adão nos é de novo restituído, e por isso não temos medo de chamar a Deus nosso Pai, não tanto por nos ter ele criado – o que temos em comum com os próprios réprobos – como por nos ter dado o seu Filho unigênito para ser nosso irmão, e por nos ter concedido graça para reconhecê-lo e abraçá-lo como nosso único Mediador, como ficou dito acima.

Além disso, era preciso que o Messias e Redentor fosse

verdadeiro Deus e verdadeiro homem, porque ele seria capaz de suportar o castigo devido a nossas transgressões e apresentar-se ante o juízo de seu Pai, como em nosso lugar, para sofrer por nossa transgressão e desobediência, e, pela morte, vencer o autor da morte. Mas, porque a Divindade, só, não podia sofrer a morte, nem a humanidade podia vencê-la, ele uniu as duas numa só pessoa, a fim de que a fraqueza de uma pudesse sofrer e sujeitar-se à morte que nós merecíamos – e o poder infinito e invencível da outra, isto é, da Divindade, pudesse triunfar e preparar-nos a vida, a liberdade e a vitória perpétua. Assim confessamos e cremos sem nenhuma dúvida.

9º Capítulo
A Morte, a Paixão e o Sepultamento de Cristo

[Confessamos] que nosso Senhor Jesus Cristo se ofereceu ao Pai em sacrifício voluntário por nós, que sofreu a contradição dos pecadores, que foi ferido e açoitado pelas nossas transgressões, que, sendo o Cordeiro de Deus puro e inocente foi condenado na presença de um juiz terreno, a fim de que fôssemos absolvidos perante o tribunal de nosso Deus; que sofreu não só a cruel morte de cruz - que foi maldita pela sentença de Deus – mas também sofreu por um pouco a ira de seu Pai, que os pecadores mereciam. Declaramos que ele permanece como o único Filho amado e bendito do Pai, mesmo em meio à angústia e ao tormento que ele sofreu na alma e no corpo, para dar plena satisfação pelos pecados do povo, e agora confessamos e declaramos que não resta nenhum outro sacrifício pelo pecado. Se há alguns que assim afirmam, não necessitamos em declarar que são blasfemos contra a morte de Cristo e contra a satisfação eterna que por ela nos foi preparada.

10º Capítulo
A Ressurreição

Visto que era impossível que as dores da morte pudessem reter cativo o Autor da vida, cremos sem nenhuma dúvida que nosso Senhor Jesus Cristo foi crucificado morto e sepultado, o qual desceu ao inferno, ressuscitou para nossa justificação e para a destruição daquele que era o autor do pecado, e nos trouxe de novo a vida, a nós que estávamos sujeitos à morte e ao seu cativeiro. Sabemos que sua ressurreição foi confirmada pelos testemunhos de seus inimigos e pela ressurreição dos mortos, cujos sepulcros se abriram e eles ressuscitaram e apareceram a muitos dentro da cidade de Jerusalém e que foi também confirmada pelos testemunhos dos anjos, pelos sentidos e pelo julgamento dos apóstolos e de outros que privaram com ele e com ele comeram e beberam depois da sua ressurreição.

11º Capítulo
A Ascensão

Não duvidamos, de modo nenhum, que exatamente o mesmo corpo que nasceu da Virgem, foi crucificado, morto e sepultado, e que ele ressurgiu e subiu aos céus, para cumprimento de todas as coisas, onde em nosso nome e para a nossa consolação recebeu todo o poder no céu e na terra, onde ele está sentado, à destra do Pai, tendo sido coroado no seu reino, como o único advogado e mediador por nós; essa glória, honra e prerrogativa possuirá ele, só, entre os irmãos, até que todos os seus inimigos sejam feitos escabelo dos seus pés. Assim também cremos, sem dúvida alguma, que haverá um juízo final, para cuja execução o mesmo Senhor Jesus há de vir visivelmente, como foi visto subir. E cremos firmemente que virá então o tempo da recriação e restauração de todas as coisas, de modo que aqueles que desde o princípio sofreram violência e afronta por causa da justiça, entrarão na posse da bendita imortalidade a eles prometida desde o princípio.

Mas, por outro lado, os obstinados, os desobedientes, os cruéis, os perseguidores, os impuros, os idólatras e incrédulos de toda sorte serão lançados no cárcere das trevas exteriores, onde o seu verme não morrerá, nem seu fogo se apagará. A lembrança daquele dia e do juízo que nele será executado não é apenas freio para coibir nossos apetites carnais, mas também uma consolação tão grande e tão incomparável que nem a ameaça dos príncipes deste mundo, nem o medo da morte temporal e do perigo presente podem levar-nos a renunciar e abandonar aquela bendita sociedade que nós, os membros, temos como Cabeça e nosso único Mediador, Jesus Cristo: a quem nós confessamos e reconhecemos ser o Messias prometido, o único Cabeça da Igreja, nosso justo Legislador, nosso único Sumo Sacerdote, Advogado e Mediador, em cujas honras e funções, se homem ou anjo ousa intrometer-se, nós os detestamos e repudiamos completamente como blasfemos de nosso soberano e supremo Governador, Jesus Cristo.

12º Capítulo
A Fé no Espírito Santo

Esta fé e a sua certeza não procedem da carne e do sangue, isto é, de uma faculdade natural que há em nós, mas são a inspiração do Espírito Santo, que nós confessamos ser Deus, igual com o Pai e com seu Filho, que nos santifica e nos conduz em toda verdade pela sua operação, sem o qual permaneceríamos para sempre inimigos de Deus e ignorantes de seu Filho, Jesus Cristo. Porque por natureza somos mortos, cegos e perversos, de maneira que nem sequer sentimos quando somos aguilhoados, nem vemos a luz quando brilha, nem podemos assentir à vontade de Deus quando ela se revela, se o Espírito de nosso Senhor não vivificar o que está morto, não remover as trevas de nossas mentes e não dobrar a rebelião dos nossos corações à obediência da sua bendita vontade. Dessa forma, assim como confessamos que Deus o Pai nos criou quando ainda não existíamos, assim como o seu Filho, nosso Senhor Jesus Cristo, nos redimiu quando éramos seus inimigos, assim também confessamos que o Espírito Santo nos santificou e regenerou, sem qualquer respeito a qualquer mérito nosso - seja anterior seja posterior à nossa regeneração. Para deixar isto ainda mais claro: como de boa vontade renunciamos a qualquer honra e glória pela nossa própria criação e redenção, assim também o fazemos pela nossa regeneração e santificação, pois por nós mesmos nada de bom somos capazes de pensar, mas só aquele que em nós começou a obra nos faz continuar nela, para o louvor e glória de sua graça imerecida.

13º Capítulo
A Causa das Boas Obras

Assim, confessamos que a causa das boas obras não é nosso livre arbítrio, mas o Espírito de Jesus, nosso Senhor, que habita em nossos corações pela verdadeira fé, produz as obras, quais Deus as preparou para que andássemos nelas. Por isso, com toda a ousadia afirmamos que é blasfêmia dizer que Cristo habita nos corações daqueles em quem não há nenhum espírito de santificação. Portanto, não hesitamos em afirmar que os assassinos, os opressores, os cruéis, os perseguidores, os adúlteros, os fornicários, os idólatras, os alcoólatras, os ladrões e outros que praticam a iniqüidade, não têm nem verdadeira fé, nem qualquer porção do Espírito do Senhor Jesus, enquanto obstinadamente continuarem na impiedade.

Pois, logo que o Espírito do Senhor Jesus, a quem os escolhidos de Deus recebem pela verdadeira fé, toma posse do coração de alguém, imediatamente ele regenera e renova esse homem, que assim começa a odiar aquilo que antes amava e a amar o que antes odiava. Daí resulta a contínua batalha entre a carne e o espírito: a carne e o homem natural, segundo a sua corrupção, cobiçam coisas que lhes são agradáveis e deleitáveis, murmuram na adversidade e enchem-se de orgulho na prosperidade e estão em todos os momentos propensos e prontos a ofender a majestade de Deus. Mas o Espírito de Deus, que dá testemunho junto ao nosso espírito de que somos filhos de Deus, leva-nos a resistir aos prazeres imundos e a suspirar na presença de Deus pelo livramento desse cativeiro da corrupção, e finalmente a triunfar sobre o pecado, para que ele não reine em nossos corpos mortais.

Os homens carnais não têm esse conflito, pois são destituídos do Espírito de Deus, mas seguem e obedecem com avidez ao pecado, sem nenhum pesar, estimulados pelo Diabo e por sua cupidez depravada. Os filhos de Deus, porém, como antes foi dito, lutam contra o pecado, suspiram e gemem quando se sentem tentados à prática do mal; e, se caem, levantam-se outra vez com arrependimento não fingido. Eles fazem estas coisas não pelo seu próprio poder, mas pelo poder do Senhor Jesus, sem quem nada podem fazer.

14º Capítulo
As Obras que são Consideradas Boas diante de Deus

Confessamos e reconhecemos que Deus deu ao homem sua santa Lei, na qual se proíbem não só as obras que desagradam e ofendem sua divina majestade, mas também se ordenam todas aquelas que lhe agradam e que ele prometeu recompensar. Essas obras são de duas espécies. Umas são praticadas para a honra de Deus e as outras para benefício de nosso próximo, e ambas têm a vontade revelada de Deus como sua garantia.

Ter um só Deus, adorá-lo e honrá-lo, invocá-lo em todas as

nossas dificuldades, reverenciar o seu santo nome, ouvir a sua Palavra e crer nela, participar dos seus santos sacramentos, são obras da primeira espécie. Honrar pai, mãe, príncipes, governantes e poderes superiores, amá-los, sustentá-los, obedecer às suas ordens - se estas não são contrárias aos mandamentos divinos - salvar as vidas dos inocentes, reprimir a tirania, defender os oprimidos, conservar nossos corpos limpos e santos, viver em sobriedade e temperança, tratar de modo justo todos os homens tanto por palavras como por obras e, finalmente, reprimir quaisquer desejos pelos quais nosso próximo recebe ou pode receber dano, são as boas obras da segunda espécie, as quais são mui gratas e aceitáveis a Deus, visto que ele mesmo as ordenou.

Os atos contrários são pecados dignos da maior indignação, que sempre lhe desagradam e o provocam à ira. São eles: não invocar só a ele quando temos necessidade, não ouvir com reverência a sua Palavra, mas desprezá-la e rejeitá-la, ter ou adorar ídolos, alimentar e defender a idolatria, fazer pouco do venerável nome de Deus, profanar, abusar ou desprezar os sacramentos de Jesus Cristo, não obedecer ou resistir aos que Deus colocou em autoridade, enquanto se mantenham dentro dos limites da sua vocação, cometer homicídio ou ser conivente com homicídio, odiar o próximo, permitir que seja derramado o sangue inocente, se podemos impedi-lo. Em conclusão, confessamos e afirmamos que a quebra de qualquer mandamento da primeira ou da segunda espécie é pecado, pelo qual se acende a ira de Deus contra o mundo soberbo e ingrato. Assim, afirmamos serem boas obras somente as que são praticadas com fé, segundo o mandamento de Deus, que, em sua lei, expôs o que lhe agrada. Afirmamos que as obras más não são apenas as que se praticam expressamente contra o mandamento de Deus, mas também as que em assuntos religiosos e de culto a Deus, não têm outro fundamento senão a invenção e a opinião do homem. Desde o princípio Deus as vem rejeitando, como aprendemos das palavras do profeta Isaías e de nosso Senhor Jesus Cristo: «Em vão me adoram, ensinando doutrinas que são mandamentos de homens».

15º Capítulo
A Perfeição da Lei e a Imperfeição do Homem

Confessamos e reconhecemos que a Lei de Deus é a mais justa, a mais imparcial e a mais santa, e o que ela ordena, se perfeitamente praticado, iluminaria e poderia conduzir o homem à felicidade eterna; mas a nossa natureza é tão corrupta, fraca e imperfeita que jamais seríamos capazes de cumprir perfeitamente as obras da Lei. Mesmo depois de sermos regenerados, se dissermos que não temos pecados, enganamo-nos a nós mesmos e a verdade de Deus não está em nós. Por isso, importa que nos apeguemos a Cristo, em sua justiça e satisfação, pois ele é o fim e o complemento da Lei e é por ele que somos libertados, de modo que, embora não cumpramos a Lei em todos os pontos, contudo, estamos imunes da execração de Deus. Deus o Pai contempla-nos no corpo de seu Filho Jesus Cristo, aceita como perfeita a nossa obediência imperfeita e cobre todas as nossas obras, que estão poluídas por muitas manchas, com a perfeita justiça do seu Filho.

Não queremos dizer que fomos libertados, de modo a não devermos mais obediência alguma à Lei - pois já reconhecemos o lugar dela - mas afirmamos que ninguém na terra, pela sua conduta - com exceção apenas de Cristo Jesus - deu, dá e dará à Lei a obediência que ela requer. Quando tivermos feito tudo, devemos prostrar-nos e confessar sinceramente que somos servos inúteis. Portanto, todos os que se vangloriam dos méritos de suas obras põem sua confiança em obras de supererrogação, ou se vangloriam da vaidade, ou põem sua confiança em idolatria condenável.

16º Capítulo
Da Igreja

Assim como cremos em um só Deus, Pai, Filho e Espírito Santo, assim também firmemente cremos que houve desde o princípio, há agora e haverá até o fim do mundo uma só Igreja, isto é, uma sociedade e multidão de homens escolhidos por Deus, que corretamente o adoram e aceitam, pela verdadeira fé em Jesus Cristo, o qual, só, é a Cabeça da Igreja, assim como é ela o corpo e a esposa de Jesus Cristo. Essa Igreja é católica, isto é, universal, porque compreende os escolhidos de todos os tempos, de todos os reinos, nações e línguas, ou dos judeus ou dos gentios, que tenham comunhão e associação com Deus o Pai, e com seu Filho, Jesus Cristo, pela santificação do Espírito Santo. Por isso ela é chamada comunhão, não dos profanos, mas dos santos, que, como cidadãos da Jerusalém celestial, gozam de benefícios inestimáveis: um só Deus, um só Senhor Jesus Cristo, uma só fé e um só batismo. Fora dessa Igreja não há nem vida nem felicidade eterna. Portanto, detestamos completamente a blasfêmia dos que sustentam que os homens que vivem segundo à equidade e a justiça serão salvos, não importando que religião professem. Pois, visto que sem Cristo não há vida nem salvação, ninguém terá parte nesta senão aquele que o Pai deu ao seu Filho, Jesus Cristo, e aqueles que no tempo oportuno a ele vierem, confessarem a sua doutrina e nele crerem (incluímos as crianças de pais crentes). Essa Igreja é invisível, conhecida só de Deus - que é o único a conhecer os que ele escolheu - e compreende, como já ficou dito, tanto os escolhidos que já partiram, e é chamada geralmente a «Igreja Triunfante», como os que ainda vivem e lutam contra o pecado e Satanás, e os que viverem daqui por diante.

17º Capítulo
Da Imortalidade das Almas

Os escolhidos, que partiram, estão em paz e descansam de seus trabalhos; não que durmam e estejam perdidos no esquecimento, como sustentam alguns fantasistas, mas porque foram libertados de todo medo, de tormentos, e de toda tentação, coisas a que nós e todos os escolhidos de Deus nesta vida estamos sujeitos. Por isso a Igreja é chamada Militante. Por outro lado, os réprobos e infiéis falecidos padecem angústia, tormentos e penas inenarráveis. Nem estes nem aqueles se encontram em tal sono que os impeça de sentir em que situação estejam, como claramente atestam a parábola de Jesus Cristo em São Lucas 16, as suas próprias palavras na cruz ao ladrão e o clamor das almas, sob o altar: «Senhor, que és justo e imparcial, até quando deixarás sem vingança o nosso sangue entre os habitantes da terra?»

18º Capítulo
Os Sinais pelos quais a Verdadeira Igreja será Distinguida da Falsa e quem será Juiz da Doutrina

Satanás vem trabalhando desde o princípio para adornar sua pestilenta sinagoga com o título de Igreja de Deus, e inflamando corações de crudelíssimos assassinos, para perseguirem, perturbarem e molestarem a verdadeira Igreja e seus membros, como Caim com Abel, Ismael com Isaque, Esaú com Jacó e todos os sacerdotes dos judeus com Jesus Cristo e seus apóstolos que vieram depois dele. Por isso, é necessário que a verdadeira Igreja, por sinais claros e perfeitos, se distinga de tais sinagogas corruptas, a fim de que não sejamos enganados e, para nossa própria condenação, recebamos e abracemos a falsa pela verdadeira. As marcas, os sinais e as características pelos quais a noiva imaculada de Cristo se distingue da impura e horrível meretriz - a Igreja dos maldosos - nós afirmamos que não são nem a antiguidade, nem o título usurpado, nem a sucessão linear, nem a multidão de homens que aprovam o erro. Caim existiu primeiro do que Abel e Sete quanto à idade e ao título; Jerusalém tinha precedência sobre todos os outros lugares da terra, pois nela os sacerdotes descendiam linearmente de Aarão, e maior era o número que seguia os escribas, fariseus e sacerdotes do que aqueles que verdadeiramente criam em Jesus Cristo e aprovavam a sua doutrina. No entanto ninguém de são juízo, supomos, sustentará que qualquer dos acima nomeados era a Igreja de Deus.

Portanto, nós cremos, confessamos e declaramos que as marcas da verdadeira Igreja são, primeiro e antes de tudo, a verdadeira pregação da Palavra de Deus, na qual Deus mesmo se revelou a nós, como nos declaram os escritos dos profetas e apóstolos; segundo, a correta administração dos sacramentos de Jesus Cristo, os quais devem ser associados à Palavra e à promessa de Deus para selá-las e confirmá-las em nossos corações; e, finalmente, a disciplina eclesiástica corretamente administrada, como prescreve a Palavra de Deus, para reprimir o vício e estimular a virtude. Onde quer que essas marcas se encontrem e continuem por algum tempo - ainda que o número de pessoas não exceda de duas ou três - ali, sem dúvida alguma, está a verdadeira Igreja de Cristo, o qual, segundo a sua promessa, está no meio dela. Isto não se refere à Igreja universal de que falamos antes, mas às igrejas particulares, tais como as que havia em Corinto, na Galácia, em Éfeso e noutros lugares onde o ministério foi implantado por Paulo e às quais ele mesmo chamou igrejas de Deus.

Tais igrejas nós, habitantes do reino da Escócia, confessando a Jesus Cristo, afirmamos ter em nossas cidades, vilas e distritos reformados, porque a doutrina ensinada em nossas igrejas está contida na Palavra de Deus escrita, isto é, no Velho e no Novo Testamentos, nos livros originalmente reconhecidos como canônicos. Afirmamos que neles todas as coisas que devem ser cridas para a salvação dos homens estão suficientemente expressas. Confessamos que a interpretação da Escritura não é atribuição de nenhuma pessoa particular ou pública, nem mesmo de qualquer igreja em virtude de qualquer preeminência ou prerrogativa, pessoal ou local, que uma tenha sobre a outra, mas esse direito e autoridade só pertencem ao Espírito de Deus por quem as Escrituras foram escritas. Quando surge, pois, controvérsia acerca do exato sentido de qualquer passagem ou sentença da Escritura, ou para a reforma de algum abuso na Igreja de Deus, devemos perguntar não tanto o que os homens disseram ou fizeram antes de nós, como o que o Espírito Santo, uniformemente, fala no corpo das Escrituras Sagradas e o que Jesus Cristo mesmo fez e mandou. Pois todos reconhecem sem discussão que o Espírito de Deus, que é o Espírito de unidade, não pode contradizer-se a si mesmo. Assim, se a interpretação ou decisão ou opinião de qualquer doutor da Igreja ou concílio é contrária à expressa Palavra de Deus em qualquer outra passagem da Escritura, é certo que essa interpretação não representa a mente e sentido do Espírito Santo, ainda que concílios, reinos e nações a tenham admitido e aprovado. Não ousamos admitir nenhuma interpretação contrária a qualquer artigo principal de fé, ou a qualquer texto claro da Escritura, ou à regra do amor.

19º Capítulo
A Autoridade das Escrituras

Cremos e confessamos que as Escrituras de Deus são suficientes para instruir e aperfeiçoar o homem de Deus, e assim afirmamos e declaramos que a sua autoridade vem de Deus e não depende de homem ou de anjo. Afirmamos, portanto, que os que dizem não terem as Escrituras outra autoridade a não ser a que elas receberam da Igreja são blasfemos contra Deus e fazem injustiça à verdadeira Igreja, que sempre ouve e obedece à voz de seu próprio Esposo e Pastor, mas nunca se arroga o direito de senhora.

20º Capítulo
Dos Concílios Gerais, seu Poder, sua Autoridade e Causas de sua Convocação

Assim como não condenamos irrefletidamente o que homens bons, reunidos em concílio geral legalmente convocado, estabeleceram antes de nós, assim não admitimos sem justo exame tudo o que tenha sido declarado aos homens em nome de concílio geral, pois é manifesto que, sendo humanos, alguns deles manifestamente erraram, e isso em questões de máximo peso e importância. Então, na medida em que um concílio confirma sua decisão e seus decretos pela clara Palavra de Deus, nós os respeitamos e acatamos. Mas, se homens, em nome de um concílio, pretendem forjar-nos novos artigos de fé, ou tomar decisões contrárias à Palavra de Deus, então devemos definitivamente negar como doutrinas de demônios tudo aquilo que afasta nossas almas da voz do único Deus para levar-nos a seguir doutrinas e decisões de homens.

A razão por que os concílios gerais se reuniram não foi para elaborar qualquer lei permanente que Deus não tivesse feito antes, nem para formular novos artigos para a nossa fé, nem para conferir autoridade à Palavra de Deus; muito menos para afirmá-la como Palavra de Deus, ou para dela dar a verdadeira interpretação que não fora previamente expressa pela sua santa vontade em sua Palavra. Mas a razão dos concílios - pelo menos daqueles que merecem tal nome - foi em parte refutar heresias e fazer confissão pública de sua fé a ser seguida pela posteridade, e eles fizeram uma e outra coisa pela autoridade da Palavra de

Deus escrita, sem apelar a qualquer prerrogativa de que, pelo fato de serem concílios gerais, não poderiam errar. Foi essa a razão primeira e principal dos concílios gerais, em nossa opinião. Uma segunda foi constituir e observar boa administração na Igreja, em que - como casa de Deus que é – convém que tudo seja feito com decência e ordem. Não que pensemos que a mesma administração ou ordem de cerimônias possa ser estabelecido para todas as épocas, tempos e lugares; pois, como cerimônias que os homens inventaram, são apenas temporais, e, assim, podem e devem ser mudadas quando se percebe que o seu uso fomenta antes a superstição que a edificação da Igreja.

21º Capítulo
Dos Sacramentos

Assim como os patriarcas sob a Lei, além da realidade dos sacrifícios, tinham dois sacramentos principais, isto é, a circuncisão e a páscoa, e aqueles que os desprezavam e negligenciavam não eram contados entre o povo de Deus, assim nós também reconhecemos e confessamos que agora, na era do Evangelho, só temos dois sacramentos principais, instituídos por Cristo e ordenados para uso de todos os que desejam ser considerados membros de seu corpo, isto é, o Batismo e a Ceia ou Mesa do Senhor, também chamada popularmente Comunhão do seu Corpo e do seu Sangue. Esses sacramentos, tanto do Velho Testamento como do Novo, foram instituídos por Deus, não só para estabelecer distinção visível entre o seu povo e os que estavam fora da Aliança, mas também para exercitar a fé dos seus filhos e, pela participação de tais sacramentos, selar em seus corações a certeza da sua promessa e daquela associação, união e sociedade mui felizes que os escolhidos têm com seu Cabeça, Jesus Cristo.

E, assim, condenamos inteiramente a vaidade dos que

afirmam que os sacramentos não são outra coisa que meros sinais desnudos. Muito ao contrário, cremos seguramente que pelo Batismo somos enxertados em Jesus Cristo, para nos tornarmos participantes de sua justiça, pela qual todos os nossos pecados são cobertos e perdoados; cremos também que na Ceia corretamente usada, Cristo se une de tal modo a nós, que se torna o próprio alimento e sustento de nossas almas. Não que imaginemos qualquer transubstanciação do pão no corpo natural de Cristo e do vinho em seu sangue natural, como têm ensinado perniciosamente os pontifícios e como crêem para sua condenação; mas essa união e associação que temos com o corpo e o sangue de Jesus Cristo no uso reto dos sacramentos se realiza por meio do Espírito Santo, que pela verdadeira fé nos transporta acima de todas as coisas visíveis - que são carnais e terrenas - e nos habilita a alimentar-nos do corpo e do sangue de Jesus Cristo, uma vez partido e derramado por nós, e que agora está no céu e se apresenta por nós na presença do Pai. Não obstante a distância entre o seu corpo agora glorificado no céu e nós mortos aqui na terra, contudo cremos firmemente que o pão que partimos é a comunhão do corpo de Cristo e o cálice que abençoamos é a comunhão do seu sangue. Assim, confessamos, e cremos, sem nenhuma dúvida, que os fiéis, mediante o uso reto da Ceia do Senhor, comem o corpo e bebem o sangue de Jesus Cristo, porque ele permanece neles e eles nele; eles, até, se tornam carne da sua carne e osso dos seus ossos de maneira tal que, como a Divindade eterna conferiu à carne de Jesus Cristo vida e imortalidade, assim também o comer e o beber da carne e do sangue de Jesus Cristo nos confere essas prerrogativas. Declaramos, contudo, que isto não nos é dado só na ocasião do sacramento, nem pela sua ação ou virtude; mas afirmamos que os fiéis, mediante o uso certo da Ceia do Senhor, têm com Jesus Cristo, uma união que o homem natural não pode compreender.

Além disso afirmamos que, embora os fiéis, impedidos pela negligência e pela fraqueza humana, não aproveitem tanto quanto desejariam, na própria ocasião em que se celebra a Ceia, no entanto subseqüentemente ela produzirá frutos, sendo semente viva semeada em boa terra, pois o Espírito Santo, que nunca pode estar separado do uso reto da Instituição de Cristo, não privará os fiéis do fruto dessa ação mística. Mas tudo isto, dizemos, vem da verdadeira fé que apreende Jesus Cristo, o único que faz o sacramento eficaz em nós. Portanto, todos os que nos difamam dizendo que afirmamos ou cremos que os sacramentos não são outra coisa que sinais desnudos e vazios, fazem-nos injustiça e falam contra a verdade manifesta.

Isto, no entanto, admitimos livre e espontaneamente, que fazemos distinção entre Cristo em sua substância eterna e os elementos dos sinais sacramentais. Assim, nem adoramos os elementos em lugar do que eles significam, nem os julgamos dignos de adoração, nem os desprezamos, ou interpretamos como inúteis e vãos, mas deles participamos com grande reverência, examinando-nos a nós mesmos o mais diligentemente antes de participarmos deles, pois somos persuadidos pelos lábios do apóstolo, de que «aquele que comer o pão ou beber o cálice do Senhor, indignamente, será réu do corpo e do sangue de Jesus Cristo».

22º Capítulo
Da Reta Administração dos Sacramentos

Duas coisas são necessárias para a reta administração dos sacramentos. A primeira é que eles devem ser ministrados por ministros legítimos; e declaramos que tais são apenas os que são designados para a pregação da Palavra, em cujos lábios pôs Deus a Palavra de exortação e que estes são os que são para isso legitimamente escolhidos por alguma Igreja. A segunda é que devem ser ministrados com os elementos e da maneira que Deus estabeleceu; de outra forma, afirmamos que deixam de ser os sacramentos corretos de Jesus Cristo.

Esse o motivo por que abandonamos a sociedade da Igreja pontifícia e fugimos à participação dos seus sacramentos. Primeiramente, porque seus ministros não são ministros de Jesus Cristo (o que é mais horrendo é que eles permitem que mulheres batizem, quando a estas o Espírito Santo não permite ensinar na congregação). Em segundo lugar, porque adulteraram de tal modo um e outro sacramentos com as suas próprias invenções que nenhuma parte do ato original de Cristo permanece em sua simplicidade original. O óleo, o sal, o cuspo e outras coisas, no batismo, são simples invenções humanas; a adoração ou veneração do sacramento, o transportá-lo pelas ruas e praças das cidades, a conservação do pão num escrínio ou cápsula, não é o uso legítimo do sacramento do corpo de Cristo, mas simples profanação dele. Cristo disse. "Tomai e comei", e "Fazei isto em memória de mim." Por estas palavras e por esta ordem ele santificou o pão e o vinho para sacramento do seu corpo e do seu sangue, de modo que um seria comido e todos bebessem do outro, e não que se conservem, e se adorem e honrem como Deus, como até agora fizeram os pontifícios, que, subtraindo ao povo o cálice da bênção, praticaram um horrendo sacrilégio.

Além disso, para uso correto dos sacramentos, requer-se que o fim e a causa da sua instituição sejam entendidos e observados não menos pelos comungantes do que pelos ministros. Se a intenção no participante se mudar, cessa o uso correto, o que é muito evidente na rejeição dos sacrifícios (assim como também se o ministro ensinar doutrina claramente falsa, o que seria odioso e detestável diante de Deus), ainda que os sacramentos sejam instituições dele próprio, porque homens ímpios deles usam para fim diverso daquele para que foram ordenados por Deus. Afirmamos que isto foi feito aos sacramentos na Igreja Pontifícia, na qual toda a ação de Jesus Cristo é adulterada, tanto na forma exterior, como no fim e na concepção.

O que Cristo fez e ordenou que se fizesse é evidente dos Evangelistas e de São Paulo; o que o sacerdote pontifício faz junto do altar não é necessário repetir. O fim e a causa da instituição de Cristo, e por que o que ele instituiu deve ser feito por nós, exprime-se nestas palavras: «Fazei isto em memória de mim»; «Todas as vezes que comerdes deste pão e beberdes deste cálice, anunciais» isto é, enalteceis, pregais, engrandeceis e louvais – «a morte do Senhor, até que ele venha». Mas qual é o fim, qual a concepção com que os sacerdotes dizem a sua missa; revelem-no as suas próprias palavras na missa: e é que, como mediadores entre Cristo e sua Igreja, eles oferecem a Deus o Pai um sacrifício propiciatório pelos pecados dos vivos e dos mortos, doutrina blasfema porque anula a suficiência do sacrifício único de Cristo, uma vez oferecido para a purificação de todos os que são santificados. Nós aborrecemos, detestamos e repudiamos profundamente essa blasfêmia contra o próprio Jesus Cristo.

23º Capítulo
A quem Interessam os Sacramentos

Reconhecemos e sustentamos que o batismo se aplica tanto aos filhos dos fiéis como aos fiéis adultos, dotados de discernimento, e assim condenamos o erro dos Anabatistas, que negam o batismo às crianças até que elas tenham compreensão e fé. Mas sustentamos que a Ceia do Senhor é somente para aqueles que pertencem à família da fé e podem examinar-se e provar-se a si mesmos, tanto em sua fé como no dever da fé para com o próximo. Os que sem fé ou permanecendo em dissensão com os seus irmãos comem e bebem naquela santa mesa comem indignamente. Esta a razão por que os pastores da nossa Igreja fazem exame público e particular, tanto no conhecimento como na conduta e na vida, daqueles que devem ser admitidos à Ceia do Senhor Jesus.

24º Capítulo
Do Magistrado Civil

Confessamos e reconhecemos que impérios, reinos, domínios e cidades foram diferenciados e ordenados por Deus; o poder e a autoridade neles - dos imperadores nos impérios, dos reis nos reinos, dos duques e príncipes em seus domínios, e dos outros magistrados nas cidades – são uma santa ordenança de Deus destinada à manifestação de sua própria glória e à singular utilidade do gênero humano. Por isso afirmamos que todos os que procuram levantar ou confundir todo o estado do poder civil, já há muito estabelecido, não são apenas inimigos da humanidade, mas lutam impiamente contra a vontade manifesta de Deus.

Além disso, confessamos e reconhecemos que todos os que foram colocados em autoridade devem ser amados, honrados, temidos e tidos na mais respeitosa estima, pois fazem as vezes de Deus, e em seus concílios o próprio Deus se assenta e julga. São eles os juizes e príncipes a quem Deus entregou a espada para o louvor e defesa dos bons e para justo castigo e vingança de todos os malfeitores. Além disso, afirmamos que a purificação e preservação da religião é, sobretudo e particularmente, dever de reis, príncipes, governantes e magistrados. Não foram eles ordenados por Deus apenas para o governo civil, mas também para manter a verdadeira religião e para suprimir toda idolatria e superstição. Pode-se ver isso em Davi, Josafá, Josias, Ezequias e outros altamente recomendados pelo seu singular zelo.

Por isso, confessamos e declaramos que todos quantos resistem à suprema autoridade, usurpando o que pertence ao ofício desta, resistem a essa ordenação de Deus e, portanto, não podem ser considerados inculpáveis diante dele. Afirmamos mais que, enquanto príncipes e governantes vigilantemente cumprirem sua função, quem quer que lhes recusar auxílio, conselho e assistência nega-o a Deus, que pela presença do seu lugar-tenente lhes solicita isso.

25º Capítulo
Os Dons Livremente Concedidos à Igreja

Embora a Palavra de Deus verdadeiramente pregada, os sacramentos corretamente ministrados e a disciplina executada segundo a Palavra de Deus sejam sinais certos e incontestáveis da verdadeira Igreja, contudo nem por isso julgamos nós que toda pessoa, individualmente, nessa comunidade seja um membro escolhido de Jesus Cristo. Reconhecemos e confessamos que o joio pode ser semeado com o bom trigo, e joio e palha crescem em grande abundância no trigal, isto é, que réprobos podem unir-se às congregações dos escolhidos e comungar com eles nos benefícios externos da Palavra e dos sacramentos. Mas, como eles só confessam a Deus por um pouco com seus lábios e não com seus corações, desviam-se e não continuam até o fim. Portanto, não participam dos frutos da morte, ressurreição e ascensão de Cristo.

Mas os que de coração crêem, sem nenhuma simulação, e corajosamente confessam com seus lábios o Senhor Jesus, receberão esses dons com a mais absoluta certeza, como dissemos acima. Primeiramente, nesta vida terão a remissão dos pecados, e isso unicamente pela fé no sangue de Cristo; Pois, apesar de o pecado permanecer e continuamente habitar nestes nossos corpos mortais, contudo ele não nos será imputado, mas será perdoado e coberto pela justiça de Cristo. Em segundo lugar, no juízo geral conceder-se--á a cada homem e mulher a ressurreição da carne. O mar devolverá os seus mortos e a terra aqueles que nela estão sepultados. Sim, o eterno Deus estenderá a sua mão sobre o pó da terra e os mortos ressurgirão incorruptíveis, e na substância da mesma carne que cada um agora tem, para receber, segundo as suas obras, ou a glória ou o castigo. Os que agora se deleitam na vaidade, na crueldade, na impureza, na superstição ou idolatria serão condenados ao fogo inextinguível, no qual em seus corpos e espíritos - os quais agora servem o Diabo cometendo toda abominação - eles serão atormentados para sempre. Mas os que continuam a fazer o bem até o fim confessando corajosamente o Senhor Jesus cremos firmemente que eles possuirão a glória, a honra e a imortalidade, para reinarem para sempre na vida eterna com Jesus Cristo, a cujo corpo glorificado todos os escolhidos se tornarão semelhantes, quando ele aparecer de novo no juízo e entregar o Reino a Deus, seu Pai, o qual será então e para sempre permanecerá tudo em todas as coisas, Deus bendito para todo o sempre, a quem, com o Filho e o Espírito Santo seja toda honra e glória, agora e para sempre. Amém.

Levanta-te, ó Senhor, e sejam confundidos todos os teus inimigos; fujam da tua presença os que odeiam o teu divino Nome. Dá aos teus servos forças para proclamarem a tua Palavra com ousadia, e que todas as nações se apeguem ao verdadeiro conhecimento de ti. Amém.

BIBLIOGRAFIA

Sobre o autor

Douglas Bond é chefe do Departamento de Língua Inglesa no Colégio *Covenant* em Tacoma, Estado de Washington, onde leciona literatura, redação e história. Faz palestras sobre literatura e história da igreja e dirige frequentes turnês históricas para a Europa.

Bond tem pós-graduação em educação inglesa da Universidade *Saint Martin* e um certificado em teologia da Faculdade Teológica Moore na Austrália. Ordenado presbítero regente na Igreja Presbiteriana na América (PCA), escreveu numerosas obras de ficção – especialmente para jovens –, incluindo a trilogia *Crown and Covenant* (*Coroa e Aliança*), que enfoca uma família aliancista na Escócia e a trilogia *Faith and Freedom* (*Fé e Liberdade*), que segue a mesma família até a América dos tempos da Revolução de Independência). Suas obras de ficção incluem um romance sobre a vida de João Calvino: *The Betrayal* (A traição). Entre seus trabalhos não fictícios estão *Stand Fast in the Way of Truth* (Fique firme no caminho da verdade) e *Hold Fast in a Broken World* (Segure firme em um mundo quebrado), Bond e sua esposa Cheryl têm quatro filhos homens e duas filhas. Vivem em Tacoma. Para saber mais, visite seu site: www.bondbooks.net

NOTAS

PREFÁCIO

1 Roland H. Bainton. The Reformation of the Sixteenth Century. (Boston: Beacon, 1952). p. 181.
2 Mark Gall. "The Hard-to-like Knox", Christian History. (Issue 46, Vol. XIV, no. 2, 1995). p. 6.
3 Alexander Smellie. The Reformation in its Literature. (Londres: Andrew Melrose, 1925). p. 245.
4 Teodoro Beza. Life of John Calvin. (Londres: L. B. Seeley and Sons, 1834). p.76.
5 Patrick Fraser Tytler. The History of Scotland: From the Accession of Alexander III to the Union. (Edimburgo: William P. Nimmo, 1869). 2: 355.
6 John Howie. The Scots Worthies. (1870; reimpresso Banner of Truth, 1995). p.52.
7 Ibid. pp. 56-58.
8 Wayne Martindale e Jerry Root, org., The Quotable Lewis (Wheaton, IL: Tyndale, 1989), 365.
9 Bainton, The Reformation of the Sixteenth Century, 180.
10 Iain Murray, John Knox: the Annual Lecture of the Evangelical Library for 1972.
11 Howie. The Scots Worthies. p. 63.
12 John Knox. John Knox's History of the Reformation in Scotland. William Croft.
13 John Knox, citado por Burk Parsons em seu prefácio a João Calvino – Amor à Devoção, Doutrina e Glória de Deus. Burk Parsons, ed. (São José dos Campos, SP: Editora Fiel). 2010.
14 Thomas Smeaton, citado por Howie. The Scots Worthies. p. 64.

CAPÍTULO 1

1 Knox, citado em Murray, John Knox, 4.
2 Howie, The Scots Worthies, 64.
3 William Croft Dickinson, introdução a Knox, John Knox's History of the Reformation in Scotland, 1:xxxi.
4 Ibid., 1:xxxii.
5 J.H.Merle d'Aubigne, The Reformation of England (1853; re-impressão em Edimburgo: Banner of Truth. 1994), 1:68.
6 Knox, John Knox's History of the Reformation in Scotland, 1:69.
7 Howie, The Scots Worthies, 63.

8 Murray, John Knox, 7.
9 Will Durant, The Reformation (Nova York: Simon and Schuster, 1957), 607.
10 Bainton, The Reformation of the Sixteenth Century, 180.
11 Eusatace Percy, John Knox (Londres: James Clarke, 1964), 42.
12 Ibid., 32.
13 Tytler, The History of Scotland, 2:21.
14 Percy, John Knox, 33.
15 Ibid., 37.
16 Ibid.
17 George Wishart, citado em Knox, John Knox's History of the Reformation in Scotland, 1:79.
18 Percy, John Knox, 42.
19 Wishart, citado em Knox, john Knox's History of the Reformation in Scotland, 2:245.
20 Ibid., 1:74.
21 Citado em Ibid., 1:86.
22 Citado em Ibid., 1:77-78.
23 Knox, citado em Ibid., 1:79.
24 Tytler, The History of Scotland, 2:50.
25 Citado em Knox, John Knox's History of the Reformation in Scotland, 1:83.
26 Ibid., 1:84-85.
27 Knox, citado em Murray, John Knox, 4.
28 Knox, John Knox's History of the Reformation in Scotland, 1:95.
29 Ibid., 1:95-97.
30 Thomas McCrie, Life of John Knox, The Scottish Reformer (Philadelphia: William S. marten, 1839), 40.
31 Murray, John Knox, 20-21.
32 Citada em Knox, John Knox's History of the Reformation in Scotland, 1:108.
33 Ibid., 1:109.
34 Knox, John Knox's History of the Reformation in Scotland, 1:111.
35 Merle d'Aubigne, The Reformation in England, 1:227.
36 Durant, The Reformation, 610.
37 Hugh Latimer, citado por Merle d'Aubigne, The Reformation in England, 1:233.
38 Howie, The Scots Worthies, 49.
39 Wishart, citado em Percy, John Knox, 54.
40 Knox, John Knox's History of the Reformation in Scotland, 1:114.
41 Percy, John Knox, 133.
42 Merle d'Aubigne, The Reformation in England, 1:196.
43 Knox, citado por Murray, John Knox, 8.
44 Knox, John Knox's History of the Reformation in Scotland, 1.117.
45 Ibid., 1:118
46 Murray, John Knox, 10.
47 George P. Fisher, The Reformation (Nova York: Charles Scribner's Sons, 1912), 302.
48 Howie, The Scots Worthies, 50.
49 John Calvin, Letters of John Calvin (Edimburgo: Banner of Truth, 1980), 174.
50 Howie, The Scots Worthies, 63.
51 Knox, citado em D.G.Hart, "The Reformer of faith and Life", em Parsons, John Calvin, 50.

52 Knox, citado em Murray, John Knox, 10.
53 Durant, The Reformation, 609.
54 Howie, The Scots Worthies, 50-51.
55 Knox, citado em Ibid., 52.
56 Durant, The Reformation, 609.
57 Fisher, The Reformation, 303.
58 Knox, citado em Howie, The Scots Worthies, 54.
59 Murray, John Knox, 13.
60 Ibid.
61 Knox, citado em Ibid.
62 Calvin, Letters of John Calvin, 214.
63 J.H.S.Burleigh, A Church History of Scotland (Londres: Oxford university Prfess, 1973), 149.
64 Scots Confessiom Capítulo 3 (Ver Apêndice B).
65 Burleigh, A Church History of Scotland, 150.
66 Diamaid MacCullough, The Reformation (Nova York: Penguin Group, 2003), 292.
67 Smellie, The Reformation in its Literature, 250.
68 Calvin, citado em John Knox, The Reformation in Scotland (Edimburgo: Banner of Truth, 1982), 96.
69 Knox, John Knox's History of the Reformation in Scotland, 1:92.
70 Knox, citado em Fisher, The Reformation, 308.
71 Tytler, The History of Scotland, 2:355.
72 Knox, citado em Murray, John Knox, 22.
73 Knox, citado em Percy, John Knox, 130.
74 Knox, citado em Tytler, The History of Scotland, 2:356.
75 Knox, citado em Ibid.
76 Ibid.
77 Earl of Morton, citado em ibid.
78 Smeaton, citado em ibid.

CAPÍTULO 2

1 Knox, citado em Murray, John Knox, 22.
2 Knox, citado em Murray, John Knox, 22.
3 Knox, citado em McCrie, Life of John Knox, 73.
4 Murray, John Knox, 22.
5 Burleigh, A Church History of Scotland, 154.
6 Ibid.
7 Citado em Dickinson, Introduction to Knox, John Knox's History of the Reformation in Scotland, 1:lxxxi.
8 Ibid.
9 Knox, citado em David Otis Fuller, A Treasure of Evangelical Writings (Grand Rapids: Kregel, 1961), 170.
10 Knox, citado em Ibid., 171.

11 Knox, citado em ibid.
12 Knox, John Knox's History of the Reformation in Scotland, 1:285.
13 Knox, citado em Durant, The Reformation, 608
14 Knox, citado em Murray, John Knox, 5.
15 Knox, citado em Fuller, A Treasury of Evangelical Writings, 166.
16 Knox, citado em Calvin, Letters of John Calvin, 214.
17 Knox, citado em Fuller, A Treasure of Evangelical Writings, 166.
18 Knox, citado em Murray, John Knox, 17.
19 Smellie, The Reformation in its Literature, 255.
20 Do hino "Guide me, O thou great Jehovah" (Guia-me, ó grande Jeová), 1745.

CAPÍTULO 3

1 Charles H. Spurgeon, citado em Merle d'Aubigne, The Reformation in England, 1:18.
2 Knox, citado em Murray, John Knox, 4.
3 Howie, The Scots Worthies, 57.
4 Knox, citado em Smellie, The Reformation in Literature, 255.
5 Knox, citado em ibid., 254.
6 Spurgeon, citado em Merle d'Aubigne, The Reformation in England, 1.18.
7 João Calvino, Institutes of the Christian Religion, org; John T.McNeill, Trad. Ford Lewis Battles (Filadelfia: Westminster, 1960), 3:20.1.
8 Ibid..
9 Ibid., 3.20.3.
10 Ibid., 3.20.21.
11 Ibid.
12 Knox, citado em Henry Cowan, John Knox: The Hero of the Scottish Reformation, (Londres: G.P. Putnam's Sons, 1905), 336.
13 Knox, citado em Calvino, Letters of John Calvin, 214
14 Ibid., 238.
15 Ibid.
16 Mary Guise, citado em Howie, The Scots Worthies, 57.
17 Percy, John Knox, 52.
18 John Knox, A Treatise on Prayer, or, a Confession and Declaration of Prayers, citado em Selected Writings of John Knox: Public Epistles, treatises and Expositions to the Year 1559 (Dalas: Presbyterian heritage Publications, 1995). Visto em rede em http://www.swrb.com/newslett/actualNLs/prayertr.htm,1.
19 Ibid., 7.
20 Ibid., 6.
21 Knox, citado em McCrie, Life of John Knox, 72,
22 Knox, John Knox's History of the Reformation in Scotland, 1:lxxxxiv.
23 Knox, citado em Tytler, The History of Scotland, 2:356.
24 Howie,The Scots Worthies, 123.
25 Ibid., 124.
26 Ibid., 138.

CAPÍTULO 4

1 Knox, citado em Fuller, A Treasury of Evangelical Writings, 172.
2 Dickinson, introdução a Knox, John Knox's History of the Reformation in Scotland, 1:xv.
3 Citado em ibid., l:xix.
4 Citado em ibid., l:xxii.
5 Percy, John Knox, 53.
6 Knox, citado em Fuller, A Treasury of Evangelical Writings, 172.
7 Knox, citado em Murray, John Knox, 4.
8 Lewis, citado em Martindale & Root, The Quotable Lewis, 365.
9 Knox, citado em Murray, John Knox, 4.
10 Knox, citado em Smellie, The Reformation in its Literature, 248.
11 Knox, citato em Tytler, The history of Scotland, 356.
12 Knox, citado em Murray, John Knox, 21.
13 James Melville, citado em Fraser, The Reformation, 323.
14 Knox, citado em Percy, John Knox, 53.
15 Murray, John Knox, 17.
16 Knox, citado em ibid., 18.
17 Knox, citado em Durant, The Reformation, 608.
18 Knox, citado em Percy, John Knox, 130.
19 Durant, The Reformation, 610.
20 Knox, citado em Smellie, The Reformation in its Literature, 247.
21 Knox, citado em Murray, John Knox, 22.
22 Knox, citado em ibid., 10.
23 Burleigh, A Church History of Scotland, 157.
24 Smellie, The Reformation in its Literature, 246.
25 Knox, citado em ibid.
26 Knox, citado em Percy, John Knox, 53.
27 Knox, citado em Murray, John Knox, 17.
28 Knox, citado em Fuller, A Treasury of Evangelical Writings, 165.
29 Calvin, Institutes of the Christian Religion, 3.16.1.
30 Knox, John Knox's History of the Reformation in Scotland, 1:93.
31 Ian Hamilton, exposição de Salmo 88, 21 de abril, 2010.
32 Snellie, The Reformation in its Literature, 240.
33 Patrick Hamilton, citado em ibid., 238.
34 Knox, citado em Fuller, A Treasury of Evangelical Writings, 169.
35 Scots Confession, cap. 13 (ver Apêndice B).
36 Ibid.
37 Ibid., cap. 16.
38 Knox, John Knox's History of the Reformation in Scotland, 1:84.
39 Ibid., 1:85.
40 Ibid., 1:86.
41 Burleigh, A Church History of Scotland, 143.
42 Percy, John Knox, 240.
43 Citado em Dickinson, Introduction to Knox, John Knox's History of the Reformation in Scotland, 1:xlvii.

44 Ibid., 1:xlii.
45 Knox, cited in Sydney Smith, The Edinburgh Review: or Critical Journal, Vols. 134–135 (July 1871): 53.
46 Burleigh, A Church History of Scotland, 144.
47 Murray, John Knox, 21.
48 Knox, cited in Howie, The Scots Worthies, 55.
49 Knox, citado em Fisher, The Reformation, 308.
50 Bainton, The Reformation of the Sixteenth Century, 181.

CAPÍTULO 5

1 Percy, John Knox, 51.
2 Knox, citado por Durant, The Reformation, 610.
3 Percy, John Knox, 52.
4 Ibid., 51.
5 Knox, John Knox's History of the Reformation in Scotland, 1:284.
6 Knox, cited in Percy, John Knox, 217–218.
7 Ibid., 216.
8 Calvino, citado em ibid.
9 Knox, citado em Durant, The Reformation, 612.
10 Knox, John Knox's History of the Reformation in Scotland, 1:118
11 Ibid., 1:285
12 Knox, citado em Durant, The Reformation, 611.
13 Smellie, The Reformation in Its Literature, 265.
14 .. C. S. Lewis, cited in Martindale and Root, The Quotable Lewis,
15 Durant, The Reformation, 611.
16 . John Knox, Two Comfortable Epistles to His Afflicted Brethren in England (1554), Kevin Reed, ed. (Dallas: Presbyterian Heritage Publications, 1995). http:// www.swrb.com/newslett/actualnls/TwoEpist.htm. Accessado 22 de junho, 2010.
17 Ibid.
18 Ibid.
19 Burleigh, A Church History of Scotland, 156.
20 Knox, cited in McCrie, Life of John Knox, 9.
21 Burleigh, A Church History of Scotland, 150.
22 Knox, John Knox's History of the Reformation in Scotland, 1:284.
23 . Smellie, The Reformation in Its Literature, 264.
24 Thomas Carlyle, cited in ibid., 265.

CAPÍTULO 6

1 John Knox, The Works of John Knox, David Laing, ed. (Edinburgh: Johnstone and Hunter, 1856), V:25–26.

Notas

2 Martindale and Root, The Quotable Lewis, 365. Lewis here is citing the popular view of Knox.
3 Murray, John Knox, 3.
4 Knox, The Works of John Knox, V: 24.
5 . Jonathan Edwards, Basic Writings (New York: New American Library, 1966), 83
6 Como parte de uma comissão que entrevistava um candidato a plantação de igreja, perguntei-lhe como a soteriologia reformada afetaria sua abordagem à implantação de igrejas. Respondeu ele: "O Senhor quer dizer, Calvinismo? Não tenho nenhum problema com isso". Sua concordância de marcar a caixinha certa do formulário me deixou perplexo. Imaginei como ele teria respondido se eu tivesse falado sobre justificação: "Quer dizer justificação somente pela fé? Não tenho nenhum problema com isso".
7 Calvino, Letters of John Calvin, 250.
8 Edwards, Basic Writings, 83.
9 Scots Confession, chap. 16.
10 Scots Confession, chap. 7.
11 Smellie, The Reformation in Its Literature, 247.
12 James S. McEwen, The Faith of John Knox (London: Lutterworth, 1961), 69.
13 Knox, The Works of John Knox, V: 25–26.
14 Ibid., V: 26.
15 Ibid., V: 25–26.

CAPÍTULO 7

1 Knox, citado em Smellie, The Reformation in Its Literature, 254.
2 Knox, citado em G. R. Elton, Renaissance and Reformation: 1300–1648 (New York: Macmillan, 1963), 179.
3 Knox, Two Comfortable Epistles to His Afflicted Brethren in England (1554). http://www.swrb.com/newslett/actualnls/TwoEpist.htm. Accessado em 24 de junho, 2010.
4 Knox, citado em Smellie, The Reformation in Its Literature, 254.
5 Knox, citado em Dickinson, Introdução a Knox, John Knox's History of the Reformation in Scotland, 1:lxxxiv.
6 Ibid., 1:lxxxiii.
7 Knox, citado em ibid.
8 . Geddes MacGregor, The Thundering Scot (Philadelphia: Westminster, 1957), 229–31.
9 Knox, citado em Smellie, The Reformation in Its Literature, 265.
10 Knox, citado em ibid., 248.
11 Knox, John Knox's History of the Reformation in Scotland, 2:276.
12 Knox, citado em Tytler, The History of Scotland, 2:356.
13 Kenneth Scott Latourette, A History of Christianity (Peabody, Mass.: Prince Press, 1975), 2:772.
14 Durant, The Reformation, 610.
15 Knox, John Knox's History of the Reformation in Scotland, 1:114.
16 Neil Postman, The Disappearance of Childhood (New York: Vintage, 1994), 39.
17 Knox, citado em Smellie, The Reformation in Its Literature, 251.

18 Burleigh, A Church History of Scotland, 173.
19 Ibid., 160.
20 Bainton, The Reformation of the Sixteenth Century, 182.
21 Latourette, A History of Christianity, 2:771.
22 Smellie, The Reformation in Its Literature, 264

CAPÍTULO 8

1 Thomas Carlyle, On Heroes and Hero-Worship and the Heroic in History (London: J. M. Dent & Sons, 1924), 381
2 Howie, The Scots Worthies, 63.
3 Ibid.
4 Galli, The Hard-to-Like Knox, 6.
5 James Anthony Froude, citado em Howie, The Scots Worthies, 64.
6 Ibid., 65.
7 Ibid.
8 Bainton, The Reformation of the Sixteenth Century, 182.
9 Tytler, The History of Scotland, 2:318.
10 Knox, citado em Howie, The Scots Worthies, 62–63.
11 Knox, citado em Tytler, The History of Scotland, 2:356.
12 Carlyle, On Heroes and Hero-Worship and the Heroic in History, 381.
13 Knox, citado em Howie, The Scots Worthies, 61.
14 Ibid., 63.
15 Knox, John Knox's History of the Reformation in Scotland, 1:284.
16 Knox, citado em Parsons, John Calvin: A Heart for Devotion, Doctrine, and Doxology, xv.

APÊNDICE B

1 Texto publicado em português no site monergismo e revisado pelo Pr. Franklin Ferreira

FIEL
Editora

O Ministério Fiel tem como propósito servir a Deus através do serviço ao povo de Deus, a Igreja.

Em nosso site, na internet, disponibilizamos centenas de recursos gratuitos, como vídeos de pregações e conferências, artigos, e-books, livros em áudio, blog e muito mais.

Oferecemos ao nosso leitor materiais que, cremos, serão de grande proveito para sua edificação, instrução e crescimento espiritual.

Assine também nosso informativo e faça parte da comunidade Fiel. Através do informativo, você terá acesso a vários materiais gratuitos e promoções especiais exclusivos para quem faz parte de nossa comunidade.

Visite nosso website
www.ministeriofiel.com.br
e faça parte da comunidade Fiel

Esta obra foi composta em Chaparral Pro Regular 11,0, e impressa
na Promove Artes Gráficas sobre o papel Pólen 70g/m²,
para Editora Fiel, em Março de 2023